RAPHAEL **RAF CAMORA** RAGUCCI

DER PAKT

INHALT

KAPITEL 1:

CODE WIEN

22.8.2019.

19.32 Uhr. Ich sitze auf meinem Bett im 17. Stock des Wiener Sofitel, lehne am schwarz gepolsterten Kopfteil und blicke durch die verglaste Panoramafront über die Stadt. Ich beobachte, wie die Abendsonne langsam ihren roten Teppich über Wien ausbreitet, als wüsste sie darüber Bescheid, was heute passieren wird. Um 21.30 Uhr werde ich das Erscheinungsdatum meines letzten Albums verkünden. In 44 mal 25 Metern Größe wird es auf die Vorderseite des Sofitel projiziert werden. Ich habe diese „Zenit“-Kick-off-Aktion Monate zuvor geplant. Um einen Polizeieinsatz zu verhindern, verriet ich den Ort des Geschehens nur Schritt für Schritt. In Tagesabständen gab ich auf Instagram immer mehr Hinweise. Ein roter Kreis symbolisierte den Ort der Aktion. Er schrumpfte jeden Tag. Erst heute Morgen erfuhren die Fans die tatsächliche Location. Ich bin angespannt. Wird das der Coup meines Lebens oder eine groß angekündigte Blamage?

Code Wien

Ziel der Aktion ist, dass meine Stadt es über das Internet mit der ganzen Welt teilen kann. Wien ist meine Heimat – besser gesagt Fünfhaus, ganz West-Wien. Graue Straßen ohne Bäume, Balkan-Lokale, Wettbüros und die Musik von Šaban Šaulić. Die Zeiten, in denen alles anders war, sitzen mir im Nacken. Die Zeiten, als uns alle Labels ablehnten. Die Zeiten, in denen wir Auftritte in allen Clubs der Stadt spielten – und die Leute uns nach fünf Minuten das Gefühl gaben, dass sie keinen Bock auf uns haben. Wir wurden belächelt. Wir waren so lange die Clowns in ihren Augen.
Heute ist Vendetta.

Ich wurde gestern mit 39 Grad Fieber krank vor Nervosität. Am Telefon sagte mir mein Manager Ronny: *„Du bist einer der erfolgreichsten Künstler auf dem deutschen Markt und hast über 7,5 Millionen Platten verkauft. Benimm dich dementsprechend!"* Diesen Satz lasse ich mir wieder und wieder durch den Kopf gehen, in der Hoffnung, den Kampf gegen mich selbst heute zu gewinnen.

Ich versuche die negativen Gedanken und Visionen zu verdrängen. Ein riesiger abgesperrter Platz, aber keiner kommt? Millionen Menschen im Internet, die sich über die ganze Aktion lustig machen. Der größte Flop in der Geschichte des Rap. Woher diese Bilder? Vorhersehung oder unbegründete Paranoia?

20.00 Uhr. Die Dämmerung legt sich über die Stadt. Mir kommt es vor, als wäre die Luft aus Blei. Die Wände scheinen auf mich zuzukommen. Mein Zimmer erdrückt mich. 1710 – hier wohne ich immer, wenn ich in der Stadt bin. Unten scheinen die Lichter der

Brücke mit dem Fortschreiten der Dämmerung stärker zu leuchten. Bald geht es los. Heute ist der wichtigste Tag meines Lebens, mein Zenit. Mein Höhepunkt, mein Niedergang – doch zugleich auch meine Erlösung. Erlösung ist das Einzige, woran ich seit dem Erfolg der Alben „Palmen aus Plastik“ und „Anthrazit“ denken kann. Ich will diesem Spiel entkommen, das mich beinahe meinen Verstand gekostet hat.

Wie Ronny mir nach der Diamant-Auszeichnung (die man für eine Million verkaufte Tonträger bekommt) von „Nie ohne mein Team“ bereits sagte: *„Ab jetzt geht es bergab. Zwar nur in kleinen Schritten, aber es geht bergab.“* Besser konnten wir einfach nicht werden – davon war er damals überzeugt, denn es war der logische Lauf der Zeit.

2016 waren wir für den größten Hype verantwortlich, den Deutschrap je gesehen hat. Wir brachten ihn von den Wohnzimmern und Parks in die Clubs und Stadien. Man kann sich nicht vorstellen, was bei diesem Prozess in einem passiert. Nach zehn Jahren harter und durch die ständigen Ups and Downs fast zur Depression treibender Arbeit. Es ist wie eine Überdosis an MDMA.

Ausverkaufte Hallen, Awards, Auszeichnungen, Partys – all das beende ich an meinem Höhepunkt. Ich verlasse das Flugzeug per Fallschirm.

„Hab Angst vor dem Niedergang
– ich weiß, dass er kommt, irgendwann.
Ich weiß, dass alles hier vorbeigeht,
ich hoff, ich nehm es hin wie ein Mann."
(Brief – RAF Camora)

20.18 Uhr. Nun wird es ernst. Die Aktion beginnt. Ich beobachte die ersten Fans, die in die Innenstadt strömen. Es scheint zu funktionieren. Die Brücke vor dem Sofitel füllt sich. Ich beobachte meine Jungs Bonez, Gallo Nero und Pireli auf ihrem schwarzen Militär-Schlauchboot, darüber weht eine Raben-Fahne. Sie feuern mit einer Kanone Shirts in die gierige Menge. Jedes Mal, wenn das Boot am Ufer des Kanals auftaucht, bricht Beifall aus. Er wird von Minute zu Minute lauter. Immer mehr Menschen kommen. Inzwischen klingt es, als wäre der gesamte 1. Bezirk ein Fußballstadion, und wir sind die Spieler des Heimatvereins.

Mein Kopf zerplatzt fast beim Gedanken daran, dass diese Menschen wegen mir kommen. Ich erinnere mich an meine Kindheit. Ich hatte nie Geburtstag gefeiert. Zu groß wäre die Demütigung gewesen, wenn niemand gekommen wäre. 20 Jahre später bin ich erwachsen, doch die Gedanken bleiben dieselben. Meine gesamte Ekipa, die im Nebenzimmer Vodka trinkt und sich das Spektakel von oben ansieht, ist genauso fassungslos wie ich. Doch sie genießen es. Immer wieder rufen sie mir zu: *„Bruder, du hast Wien gefickt. Bruder, wir haben Wien gefickt."*

Der Himmel leuchtet inzwischen nicht mehr rot, sondern blau. Die Polizei hat den größtmöglichen Einsatzcode ausgerufen – Code Wien. Dieser Code wird nur bei äußersten Notfällen ausgerufen. Er bedeutet, dass alle zur Verfügung stehenden Einheiten zur Verstärkung angefordert werden. Die Polizei und die Stadtverwaltung hatten uns unterschätzt, als sie uns die Zusage für die Aktion gegeben haben. Unten auf der Brücke gibt es die ersten Rangeleien wegen des Merchandising.

20.46 Uhr. Ich werde von meinem Manager Ronny abgeholt. Er führt mich in die Lobby. Von dort aus geht es durch einen Hintereingang in einen schwarz gebrandeten Brandwagen. In weniger als 45 Minuten wird die Projektion starten, und jeder wird es wissen: Mein letztes Album erscheint am 01.11.2019.

Auch auf dem schwarzen Brandwagen prangt groß mein Rabe. Wir wollen starten, kommen aber kaum voran. Denn die Fans haben längst die komplette Innenstadt übernommen. Ich mache vom Auto aus ein paar Instagram-Storys, bis mein Wagen von allen Seiten belagert wird. Es sind Bilder, die man in Wien nie zuvor gesehen hat. Überall Chaos, Kids, die über die Straße laufen und den Verkehr komplett lahmlegen. Dazwischen, in ihren SUVs, Wiener Schnösel auf dem Heimweg, die ihren kleinen Schweineaugen nicht trauen. Verkehrsregeln zählen heute nicht mehr. Unsere Gesetze. Wir haben die Stadt übernommen. Es ist wie eine Demonstration, aber keiner ist wütend oder unzufrieden. Ich habe Wien endlich auf die Landkarte des Deutsch-Rap gebracht.
Und jeder will ein Teil davon sein!

21.17 Uhr. Wir fahren mit 2 km/h aus der Gefahrenzone zum Ufer des Donaukanals, und ich steige auf das Boot von Bonez, Gallo und Pireli – zum großen Finale um 21.30 Uhr.

Ronny wird von Sekunde zu Sekunde nervöser. Die Stadt quillt über. An den Ufern des Donaukanals wird die Lage gefährlich. Eine unüberlegte Bewegung eines euphorischen Fans kann die ganze Aktion gefährden. Die Folgen sind nicht auszumalen. Sollte jemand vom Kai ins Wasser stürzen und ertrinken, würde ich mir das niemals verzeihen können.

21.28 Uhr. In wenigen Minuten startet die Show. Als wir unter der Brücke vor dem Sofitel ankommen, beginnt es: Rabengeschrei schallt aus 30 Lautsprechern über die Innenstadt. Der Beat von „Zenit“ setzt ein. Handys werden gezückt.

21.30 Uhr. „1.11.“ erscheint über die gesamte Fläche des Sofitel. Überall Jubel, Ekstase. Und ich in der Mitte auf diesem schwarzen Schiff. Diesen Moment zu beschreiben ist fast unmöglich, aber ich fühle mich, als würde die gesamte Stadt mir ihre Liebe zeigen. Es fühlt sich surreal an. Die roten Lichter der Schwedenplatz-Brücke beleuchten die Massen, die mir zujubeln.

Wir fahren auf Anweisung von Ronny weiter flussabwärts, um die innere Zone zu verlassen, denn die Lage eskaliert komplett. Unsere Jungs warten mit einer Autokolonne an der Anlegestation des Bootes. Alles geht so verdammt schnell, wie im Film.

Ich springe in einen Audi meiner Brüder, und wir rasen mit all unseren Autos auf den Kahlenberg. Von dort oben kann man komplett Wien überblicken. Ich kann es nicht fassen. Es war der größte Moment meines Lebens. Ein Triumph – Genugtuung und Stolz erfüllen den Platz in meinem Herzen, der heute so lange voll war mit Nervosität und Angst vor dem Scheitern. Als hätte sich all meine Wut entladen, die ich mein Leben lang gegen einen Teil dieser Stadt in mir hatte. Nicht ich alleine habe das geschafft. Wir von den Außenbezirken haben das Stadtzentrum übernommen und ein Zeichen gesetzt.

Heute war Vendetta.

ALLES NUR WORTE

15.03.2020

Mein Name ist Raphael Ragucci. Und das hier ist mein Buch. Ich schreibe jede Zeile selbst.

Ich bin Musiker und kann mich nicht mehr erinnern, wie viele Songs ich in den letzten zwölf Jahren tatsächlich geschrieben, gesungen oder produziert habe. Es müssten weit über 1.000 sein. Offiziell sind es 20 Studioalben und sechs EPs, die insgesamt über 7,5 Millionen Mal verkauft wurden. Ich habe über 1.000 Shows gespielt, 53 Videos gedreht, war in über 50 verschiedenen Ländern und habe bestimmt 100-mal meine Handynummer gewechselt. Ich weiß nicht, wieviel Zeit mir in diesen letzten zwölf Jahren wirklich geblieben ist, um zu realisieren, was da eigentlich in meinem Leben und in mir passiert ist. Es kommt mir vor wie eine Wolke voller Eindrücke, Geschichten und Gesichter, an deren Konturen ich mich nicht mehr erinnern kann.

Im Laufe meiner Geschichte habe ich so einigen Tribut bezahlen müssen, aber einer macht mir besonders zu schaffen: Ich kann nicht mehr schlafen. Das ist der Grund, weshalb ich heute Nacht im 15. Bezirk in Wien auf meine Tastatur eintippe, anstatt im Studio Musik zu produzieren. Ich habe so viel in den vergangenen Jahren erlebt, dass es mich nicht mehr zur Ruhe kommen lässt. Nur die wenigsten verstehen dieses Gefühl. Ein Sänger einer Metal-Band, weit über 50, mit einer Stimme wie aus Blech, fragte mich auf einem Festival, ob es die Flashbacks sind, die mich umtreiben. Er hatte recht: Es sind Bilder und Momente, die nicht real wirken, obwohl ich sie erlebt habe. Ich war zwar da, aber meine Seele war ganz woanders. Eskalationen auf Autogrammstunden mit Tausenden von Selfies. Auf jedem Bild, das ich von mir auf Instagram sehe, erkenne ich eine gewisse Leere in meinen Augen.

Versteht mich nicht falsch – Erfolg ist schön: die finanzielle Sicherheit, die Möglichkeiten, der Reichtum, die Frauen, die Macht, das Ansehen. Doch die verrostete Kehrseite der Medaille erkennt man erst in der Stille.

Ich habe in meinem Leben bisher kein Buch geschrieben und – wenn ich ehrlich bin – auch nicht sehr viele gelesen. Ich bin mir aber der Macht des Wortes bewusst, denn das Wort kann verletzen, inspirieren oder zerstören. Die Millionen Menschen, die mich kennen, verdanke ich meiner Musik. Aber meine Songs wären nichts ohne einen Text. Während sich meine Texte in den letzten Jahren dem Beat unterordnen mussten, ist es für mich nun an der Zeit, dieses Blatt zu wenden. Hier dominiert der Text. Denn sowohl die Verletzungen als auch der materielle Reichtum sind real. Von beiden habe ich einiges angehäuft. Der Ursprung von allem Erreichten waren letztendlich nur Worte.

Ein Song würde nicht reichen, um all das zu erzählen, was mir auf der Seele liegt – auch kein weiteres Album. Also beginne ich in dieser weiteren schlaflosen Nacht, an meinem Buch zu schreiben. Es soll mehr werden als eine einseitige Biografie, geschrieben von einem Ghostwriter. Es soll ein tiefer Einblick sein in eine Welt, von der ich als Jugendlicher geträumt habe, und es soll erklären, warum ich all das beendet habe.

Ich bin mit 22 Jahren nach Berlin gekommen, alleine, und habe mir alles, was ich habe, Stein für Stein aufgebaut. Als mich der Flixbus zum ersten Mal in Berlin ausgespuckt hatte, wohnte ich in einer Abstellkammer in Friedrichshain. Es fühlt sich heute rückwirkend betrachtet für mich an wie ein Zaubertrick: Ein dreckiges Keyboard und ein alter Computer verwandelten sich in zehn Jahren in das größte Rap-Studio Berlins. Ein kleines Büro in einer Hinterkammer wurde zur erfolgreichsten Managementfirma Deutschlands im urbanen Musikbereich. Das alles entstand aus dem Nichts.

Heute habe ich mir meine Wünsche erfüllt. Dennoch balanciere ich auf einem seidenen Faden zwischen Gut und Böse über dem Abgrund. Erfolg verändert den Charakter. Jeder Künstler, der etwas anderes behauptet, ist entweder nicht in der Lage, selbst zu reflektieren, oder noch nicht erfolgreich genug. Es ist logisch, wahrscheinlich auch menschlich: Denn alles um dich herum verändert sich. Fame bringt den anständigsten Musterschüler dazu, sein Hotelzimmer zu zertrümmern. Fame zieht selbst die anständigste Ehefrau in den Tourbus und lässt sie Dinge tun, an die ihr Ehemann nicht einmal in seinen kühnsten Albträumen denken würde. Auch mich hat diese Welt verändert.

Ich hatte nie ein Problem damit, hart zu arbeiten. Ich liebe die Arbeit. Die Arbeit hat mich stark gemacht und motiviert. Was mir die Seele verbrannt hat, ist die Aufmerksamkeit. Es laugt mich aus, wenn ich angestarrt werde in Restaurants, Clubs und Geschäften. Die Art der Menschen, mich anzusehen, zu interpretieren, zu kommentieren, hat einen Teil meiner Seele abgestumpft. Ich wollte auf keinem Podest stehen, aber habe verstanden, dass der Erfolg es von mir verlangt.

Der Erfolgsdruck und die Erwartung der anderen hatten mich zermürbt. Ich schöpfe meine Kraft aus Ruhe und analytischer Vorbereitung. Das Bild der Ruhe vor dem Sturm. Irgendwann begann der Sturm auch durch die Zeiten der Ruhe zu wehen ... Mein Körper und mein Geist konnten keine Kraft mehr schöpfen. Wie ein Boxer wollte ich den nächsten Kampf auslassen, um einer sicheren Niederlage zu entrinnen. RAF Camora musste gehen.

Doch um zu verstehen, wie es so weit kam, muss ich meine Geschichte von vorne erzählen.

KAPITEL 2:

DER ERSTE KONTAKT

2004. Kaserne Zwölfaxing in Niederösterreich. Panzerbataillon 33. Der Rekrut Raphael Ragucci steht vor seinem Spind, der voller Statuen von Padre Pio ist, und schwört, nichts Schlechtes mehr in seinem Leben zu tun. In den Jahren zuvor hatte er mit Freunden Müllsäcke mit geklauten Handys gefüllt, war eingebrochen und hatte geraubt. Damit sollte jetzt Schluss sein.

Wie jeder andere Österreicher meiner Generation wurde ich zu neun Monaten Bundesheer eingezogen. Das Militär war für mich belastend, weil es mir meine Freiheit nahm und an Bilder meiner Kindheit erinnerte.

Die Kaserne war in zwei Lager aufgeteilt. Im einen waren die „echten" Österreicher, im anderen die mit Migrationshintergrund, in der Mitte stand ich, mit italienischem Namen, den niemand einer der beiden Gruppen zuordnen konnte. Letztendlich packten sie mich in ein Zimmer mit zwei rumänischen Serben und einem Türken. Welcher Hurensohn aus dem Stab auf unsere Tür „Mauthausen“ geschrieben hatte, weiß ich leider nicht. Eine Einteilung, die keine 16 Jahre her ist – Mauthausen war während des Zweiten Weltkriegs das größte Konzentrationslager in Österreich.

Zum Start bekamen wir gebrauchte Militärkleidung, alte Stahlhelme und noch ältere Kommandanten. Auch wenn ich es kurzzeitig probiert habe, konnte ich mich dort nicht wirklich anpassen. Ich selbst hatte bislang niemals jemandem außerhalb meiner Familie gehorcht. Kein Mann, der nicht mein Vater oder mein Großvater war, sollte mir Befehle geben.

Wenn ich abends in unseren Sechserzimmern auf dem quietschenden Feldbett lag, teleportierte ich mich in Gedanken in meine Heimat, zurück nach Montreux, zum Wasser, zum alten Schloss und zu den Raben.

Dort hatte ich von klein auf meinem Großvater in den Weinbergen geholfen, den Schlosskomplex einer sehr reichen, aber komplett degenerierten französischen Familie zu warten. Mein Großvater konnte nicht lesen und schreiben und nur gebrochen Französisch sprechen. Aber ein französisches Wort verwendete er besonders oft. Denn auch auf Neapolitanisch gab es kein besseres Wort als „débrouillard“. Für ihn gab es nur einen Unterschied zwischen den Menschen. Der lag nicht in der Hautfarbe oder Nationalität, sondern zwischen „débrouillards“ und eben nicht „débrouillards“. Diese Eigenschaft war der Grundpfeiler seines Wesens.

Er war ein Meister darin, für jedes Problem seine eigene Lösung zu finden. Wenn es im Winter zu kalt war, stopfte er sich Zeitungspapier in seine Hosen und hielt so die Kälte ab. Oft schickte er mich abends nach Ladenschluss mit einer Tüte zum Bäcker im Ort, um das Brot zu holen, das sonst auf dem Müll landen würde. So hatten wir ständig kostenloses, fast frisches Gebäck.

Diese kleinen Dinge machten ihn zufrieden und waren ihm wichtig. Ein Mensch definierte sich für ihn nicht nach seinem Schulabschluss, sondern nach dem, was er leisten konnte. Er selbst schuftete von Sonnenauf- bis -untergang, ohne dafür lobende Worte zu erwarten oder sich zu beschweren. Das nannte er „capable“. Das bedeutet „fähig“. Er fragte mich nie, wie es in der Schule geht oder welche Noten ich schrieb, sondern wollte sehen, was ich mit meinen Händen und meinem Kopf konnte und ob sich damit Geld verdienen ließ.

Mein Großvater sah aus wie Inspektor Columbo. Nicht besonders groß, aufrechter Gang, und er trug auch bei seiner schweren Arbeit ein von der Sonne ausgeblichenes Hemd. Er rauchte Pfeifentabak in Zigarettenpapier – weil er billiger als der normale war. Er war mit seiner Frau und seinen zwölf Geschwistern in den 60er-Jahren aus Süditalien in die Schweiz emigriert, um ein besseres Leben zu finden. Er fand es auf Chateau du Chatelard, 50 km neben der Stadt Vevey, in der ich geboren wurde. Das Schloss lag zwischen Weinbergen auf einem Hügel in Montreux, und man konnte von dort über den Genfer See bis nach Frankreich sehen.

Es war allerdings ziemlich heruntergekommen. Die alten Steinmauern waren nicht wirklich abgedichtet. Im Winter zog der Wind durch das Gemäuer. Mein Großvater und die anderen Weinarbeiter kamen jeden Tag dorthin, um in den Reben zu arbeiten. Meine Mutter pflegte in der Region alte Menschen. Mein Vater begann gerade sein Studium und verdiente sich in Vevey als Kellner in einem Restaurant namens „La Brasserie" sein Geld und arbeitete dazu noch auf dem Bau. Manchmal bewohnten wir auf dem Schloss ein Zimmer, das mit einem Holzofen geheizt werden musste, ansonsten wohnten wir im Nachbardorf. Meine Großeltern, meine Mutter, mein Vater, meine Tanten und Cousinen und ich waren in diesem Dorf zuhause.

Wir lebten in der Schweiz, doch in diesem Teil ist die Welt französisch. Französisches Essen, französisches Fernsehen und französische Amtssprache. Allerdings organisierte unsere Familie im Alltag vieles noch genauso wie in Süditalien. Wir hatten unsere eigene Gemeinschaft mit vielen anderen Familien aus unserer Gegend, die es auch an die Riviera verschlagen hatte. Einige meiner Freunde aus dem Dorf kamen ab und zu zum Spielen zu den alten Gemäuern. Wenn ich alleine war, beobachtete ich die Raben. Schon als ich ein Kleinkind war, imitierte ich ihr Krähen.

„Nachtruhe!" Der Schrei des Offiziers riss mich aus meinen Gedanken.

Der Militärdienst war nach neun Monaten vorbei. Ich war 19 Jahre alt und verließ die Kaserne Zwölfaxing mit dem gefestigten Ziel, als Musiker professionell Karriere zu machen. Denn das war das, was ich wirklich konnte. Ich hatte mit vier Jahren Geige gelernt, die beste Freundin meiner Mutter war Geigenlehrerin, mit sechs Jahren Klavier. Erst bei der Schwester meines Vaters, dann an der Musikschule im 16. Bezirk, und mit zwölf Jahren brachte ich mir selbst das Gitarrespielen bei.

Wenn ich für etwas „capable“ war, dann für die Musik. Als Jugendlicher spielte ich in den 90er-Jahren in zahlreichen Grunge- und Metal-Bands, kam aber 1998 zum Rap. Und von da an gab es für mich nur noch das eine. Die Musik wurde zur ersten und intimsten Liebe meines Lebens, und nichts sollte jemals diese Liebe vom Thron stoßen.

Schon vor der Zeit beim Bundesheer hatte ich mit meiner Gruppe „Family Bizz & Balkan Express“ ein Album released und es 1.000-mal pressen lassen. Es war zum ersten Mal Musik gewesen, die ich auch anderen Menschen zeigen konnte. Die CDs waren für meine Freunde gedacht – für ein bisschen Straßen-Fame.

Meine Crew bestand vor allem aus Balkanern, ein paar Afrikanern sowie ein paar Mischlingen, wie Joshi und ich es waren. Gleich nach dem Militärdienst am STG 77 wohnte ich mit vier anderen Jungs in einem Plattenbau im 16. Bezirk. Es war das erste Mal, dass ich außerhalb von Fünfhaus eine Wohnung bezogen hatte. Es waren wilde Zeiten.

Joshi und ich teilten uns die ausziehbare Couch. Drei andere schliefen auf einem Doppelbett. Die meiste Zeit machten wir Sinnloses: Gras rauchen, Ecstasy verkaufen und stadtbekannte Schlampen in unsere Bruchbude locken. Ohne Social Media war das mit den Mädchen nicht so leicht wie heute. Wir mussten überzeugend sein.

Die restliche Zeit saßen wir in unserem Studio und versuchten uns an unserer Musik. Ein kunstinteressierter Junge aus gutem Haus hatte unserem DJ und Produzenten Mezuian seinen Keller zur Verfügung gestellt. Das klingt so, als wären wir faul gewesen, aber das waren wir nicht. Auch wenn wir jeden Tag kifften, produzierten wir einen Song nach dem anderen.

Freunde meinten, dass es wirklich gut ist, sogar auf amerikanischem Niveau. Aber nicht einmal die kleinen Underground-Labels hatten Lust, uns rauszubringen. Die Zeit in unserem gemeinsamen Plattenbau war zudem auch schnell vorbei. Kein Wunder: Wer keine Miete zahlt, hat auch kein Zuhause. Wenn ich an die Zeit zurückdenke, fällt mir auf, wie oft ich umgezogen bin. Manchmal räumte ich die Kartons gar nicht erst aus.

Mit etwas Glück schaffte ich es dann aber, eine eigene Wohnung anzumieten, und zwar am Reumannplatz. Die schimmlige Duschkabine stand in der Küche, die keine richtige Küche war, sondern nur ein Herd, der in den schmalen Flur gebaut war. Ich konnte putzen, wie ich wollte, es stank immer nach Kanal. Ich schlief in einem kleinen Wohnzimmer, daneben hatte ich in einer Kammer mein Studio eingerichtet. Im dritten Zimmer wohnte ein Junge namens Karim, der immer neue Cousins aus Tunesien zu Besuch hatte. Der Reumannplatz ist das Zentrum des 10. Bezirks, ein „Ausländerbezirk“ und seit Jahrzehnten Wahlkampfthema der Rechten. Ein Ort, an dem man viele Gründe findet, die dort lebenden Österreicher gegen alle anderen aufzustacheln. „Ghettoisierung“ brüllten schwitzende FPÖ Politiker mit Gelfrisur in ihre Mikrofone. „Daham statt Islam“ stand auf ihren Plakaten. „Wien darf nicht Istanbul werden.“ Das ganze Programm der rechtsradikalen und ausländerfeindlichen FPÖ wurde hier abgefeuert.

Wir waren aber nicht oft dort. Lieber auf der Mariahilfer Straße zum Beispiel. Nach Frauen schauen, Joints rauchen. Eines Tages fiel einem von uns ein rotes Schild mit großen weißen Buchstaben darauf auf.

EMI – die Wiener Dependance des internationalen Major Musiklabels, deren Büro befand sich dort zwischen Starbucks- und H&M-Filialen. Wir hatten immer unsere CDs in der Tasche, also alles, was wir brauchten, um die Leute da drinnen zu überzeugen. Einer von uns sagte: *„Lass da rein jetzt.“* Gesagt, getan. Die kühle, verglaste Halle wirkte wie der Empfang einer Krankenkasse. Nur ein lebensgroßer Pappaufsteller von Robbie Williams ließ erahnen, dass es da drinnen um Musik geht. Als der Letzte von uns durch die Drehtüre kam und ich gerade bei der Dame hinter dem Tresen vorsprechen wollte, standen auch schon zwei Securitys vor uns. Einer der beiden aufgequollenen Fettsäcke wollte uns des Gebäudes verweisen. Allerdings hatten wir alle unsere Erfahrungen mit Türstehern und ließen uns nicht abwimmeln. Es wurde sehr schnell sehr laut in der Empfangshalle.

Da öffnete sich eine Tür, und Michaela Jallo, die Chef-A&R von EMI, beruhigte die Situation und erkundigte sich freundlich, weshalb wir eigentlich da waren. Drei kurze Sätze und zehn Sekunden später schlug sie die Tür hinter sich wieder zu. Mit einem kleinen Unterschied: Sie hatte unsere CDs in der Hand. So begann die Geschichte meines ersten Major Deals.

Irgendwie verrückt, dass es damals so geklappt hat – wir waren fünf Jungs verschiedener Hautfarben, die auf fünf verschiedene Sprachen Blödsinn rappten, den wir nicht einmal selbst verstanden. Aber es klang nach Rap, und da in Österreich auch damals schon Integration ein beliebtes politisches Thema war, hielten uns Michaela und der Produzent Georg Luksch, ein sympathisches Urgestein der österreichischen Musikindustrie, ein paar Wochen später tatsächlich einen Vertrag unter die Nase. EMI. Major. Jeder von uns fühlte sich mindestens wie 50 Cent. Wir waren die Könige. Wenn ich jetzt darauf zurückblicke, war der Deal natürlich ein Witz: keinen Cent Vorschuss, keinen Cent für die Lizenzen. Dafür zugesicherte Auftritte in Einkaufszentren und bei Modeschauen. In diesen Tagen entwickelte ich erste Aversionen gegen diese Welt, in der ich nicht sein wollte. Champagner trinkende Musikverwalter – schmierig wie Immobilienmakler –, die Musik nicht lieben, dafür aber umso mehr das Geld. Dann ging es auf die Suche nach dem nächsten schnellen, leicht konsumierbaren Hype.

Ich konnte mich an diese Welt nicht anpassen – auch nicht an die österreichischen Medien: peinliche Moderatoren und Redakteure, die peinliche Fragen stellten – immer auf der Suche nach einer Story, die sie nicht einmal interessierte. Die Leute von der Industrie zerrten uns auf Veranstaltungen von Schnöseln und Schlipsträgern, die unsere Musik nicht feierten und mit verschränkten Armen warteten, bis wir wieder weg waren. Wir waren der Pausen-Act auf Modeschauen, und sie behandelten uns noch schlechter als die Models. Als wir vorne auf dem Laufsteg standen und performten, wollte uns keiner sehen. Die fünf Leute im Publikum kamen nur auf die Modenschauen, um nach den Models zu geiern.

Der Major Deal hielt nicht allzu lange. Ich kann jetzt nicht schreiben, dass sie uns grundlos fallen gelassen haben. Daran hatten wir auch eine Mitschuld. Die drei Tage, bevor wir die EP bei EMI abliefern sollten, verbrachten wir auf Ecstasy, anstatt Songs zu produzieren. Zweiter Grund war die österreichische Gesellschaft. Sogar in der Plattenfirma hatten sie erkannt, dass das komplette Land auf Rap scheißt. Egal, wie salontauglich und aalglatt wir die Musik bügelten, Österreich liebt Austropop und Konservenmusik aus den USA.

VON CASTINGS

Ich hatte einen guten Freund im Bezirk, sein Name war Marko. Er war in meiner Schule und kam aus derselben Gegend, Rudolfsheim-Fünfhaus. Dieser Junge war der talentierteste Sänger, den ich jemals kannte, und nebenbei konnte er auch noch tanzen und brachte sich selbst das Klavierspielen bei. Er war ein Junge von der Straße. Ein Junge vom Park. Für Jungs wie ihn gibt es nicht viele Möglichkeiten im Leben, aber eine davon ist die Musik.

Als in Österreich mit Starmania die Antwort zu DSDS gelauncht wurde, wollte sich Marko bewerben. Er hatte gefühlt jeden Tag dasselbe Outfit an, eine Gel-Frisur, Zahnspange und sprach so, wie man in unserem Bezirk so sprach. Ich borgte ihm fürs Casting meine Lederjacke mit dem riesigen Brandloch, aber sie war besser als seine Trainingsjacke, die er jeden Tag trug.

Natürlich kam Marko in die nächste Runde, und natürlich schaffte er es in die Sendung. Wir alle freuten uns für ihn, auch wenn ich Starmania wie alle Talente-Shows richtig peinlich fand. Aber für Marko war es ein Schritt nach vorne.

Die Leute vom Sender schnappten sich Marko und verpassten ihm eine passende Frisur, kleideten ihn ein und ließen ihn ein österreichisches Lied singen, um auch die ausländerfeindliche Masse in Österreich von ihm zu überzeugen.

Marko war so talentiert, dass er es immer weiter schaffte und mit jeder Ausstrahlung bekannter wurde. Nicht so bekannt, wie wir Rapper es in unserer Szene waren, sondern richtig bekannt. Er war in jeder Zeitung.

Irgendwann war es dann so, dass wir mit ihm nicht mal mehr in die U-Bahn steigen konnten, ohne dass sich alle nach ihm umdrehten und ihn erkannten. Denn jeder, der zur Hauptsendezeit ORF guckte, sah Starmania. Und damals gab es weder YouTube noch Netflix. Also schaute sich das ganze Land diese Sendung an. Marko, der Junge vom Park, war ein Superstar geworden.

Und obwohl er sich Mühe gab, sich nicht zu verändern, veränderte er sich um 360 Grad. Ich erkannte ihn in dieser Phase seines Lebens kaum wieder. Er war gefressen worden von der Hype-Blase, und zwar mit Haut und Haaren. Seine Sprache veränderte sich. Er war zu jedem, den er traf, freundlich, aber auch oberflächlich zugleich. Und die kurzen Einblicke in seine neue Welt schienen surreal. Marko hatte es geschafft. Er war jetzt da oben, neben Michael Jackson und all den anderen, dachten wir damals zumindest. Und das dachte er wahrscheinlich auch.

Aber wenig später, nach dem Ende der Staffel, passierte mit Marko das, was mit all diesen „Künstlern“ passiert, die sich auf dieses Spiel einlassen – der komplette Absturz.

Niemand kann sich das Gefühl vorstellen, wie es ist, innerhalb weniger Wochen von einem Straßenjungen zu einem Superstar zu mutieren. Man will, aber kann es sich nicht vorstellen.

Nun schwebte Marko in dieser Blase, 500 Meter über der Erde. Er sah die Welt von oben und fühlte sich wie auf Ecstasy, nur kam er nicht runter.

Er schwebte und konnte sein Glück nicht fassen, benebelt von der Situation. Marko verlor die Sicht für alle seine Probleme. Besser gesagt, es gab sie nicht mehr.

Dieser Casting-Hype ist wie ein Katapult in die Stratosphäre. Ab einer Höhe von 1.000 Metern kommt Höhenangst. Wo ist unten und wo ist oben? Die Orientierung geht verloren. Man atmet die Höhenluft und ist wieder high.

Ab 2.000 Metern bewegt man sich im luftleeren Raum. In dieser Höhe hat man nur noch einen einzigen klaren Gedanken: Lass es nie mehr aufhören. Und dann ist da noch ein anderer: die Angst davor, dass die Blase platzen könnte und der Sturz folgt.

Der Sturz bedeutet, dass innerhalb weniger Monate das Interesse für die eigene Person verloren geht. Schlimmer noch, dass aus den beeindruckten Blicken dieser belustigte „Guck mal, das war doch der, der damals im Fernsehen war"-Blick wird.

Und wenn danach aus dem „Das war doch der vom Fernsehen"-ein „Kenn ich dich nicht von irgendwoher?"-Blick übrig bleibt.

Und genau ein Jahr nach seinem Aufstieg war Marko weiter unten, als er vor seinem ersten Auftritt bei Starmania gewesen-war. Diesen Sturz überlebt kein Ego. Vor allem nicht das Ego von Jugendlichen.

Ich hatte nach seiner Zeit als Star immer weniger Kontakt mit Marko. Ich weiß nur, dass er weiter den Weg zurück in die Blase suchte. Er bewarb sich weiter für Chartshows und kam dort auch weiter. Er gewann „X-Factor Balkan". Er sang für Mazedonien beim Song Contest. Auch auf diese Höhe folgte ein Niedergang. Ob er es wieder geschafft hat, weiß ich nicht.

Ich werde versuchen, mit ihm Kontakt aufzunehmen, und ihn eines Tages, wenn die Zeit reif ist, selbst die Geschichte aus seiner Sicht erzählen lassen.

KAPITEL 3:

ΣRSTE SCHRITTE

Nach der ersten Enttäuschung über den Rausschmiss bei der EMI stachelte mich diese Episode an. Ich weiß nicht, wie viele Stunden ich danach in meinem Studio in der Wohnung am Reumannplatz verbracht habe. Aber es müssen Tausende gewesen sein. Das Studio bestand aus einem Röhrenbildschirm und einem altersschwachen Pentium-2-Computer, den mir mein Vater gekauft hatte, als ich 15 war. Daneben ein ratterndes Notebook, das sich alle halbe Stunde aufhängte. Dort verbrachte ich meine Freizeit und arbeitete hart an meiner Musik. Das Notebook wurde mir zu Beginn des Studiums an der SAE in die Hand gedrückt. Ich hatte mich in dieser modernen „Musikschule" eingeschrieben, weil ich mir schon damals in den Kopf gesetzt hatte, komplett unabhängig zu sein.

Am liebsten wollte ich alles komplett selbst in der Hand haben – Indipendenza.

Vier oder fünf Stunden am Tag konnte ich bei der SAE in richtig professionellen Studios und mit Equipment üben und lernen. Ich wollte selbst mischen lernen, selbst produzieren und jeden Vertrag verstehen, den die Leute aus der Musikindustrie mir vorlegten. Nie wieder wollte ich von einem koksenden Manager oder einem verkifften Engineer abhängig sein. Die Erfahrungen aus der EMI-Zeit waren genug. Ich wollte nicht nur Musik schreiben und produzieren, sondern das Business selbst in die Hand nehmen.

Emirez, Sohn von Einwanderern aus Bosnien und bis heute eine absolute Legende für mich, war neben Joshi, Pireli, Marko, Pimp Beatz, Mezuian und Majestic von Anfang an in meiner Crew. Insgesamt waren wir bestimmt 30 Leute. Wer gerade mit wem gut konnte und wer mit wem Streit hatte, änderte sich ständig. Wir waren eigentlich immer zusammen. Uns verband vieles – wir waren beide 1992 nach Wien gekommen, im selben Bezirk aufgewachsen. Emirez war Teilzeitdealer bei Cheers und GypsyBaron, in diesen Läden konnte man Weed unter der Theke kaufen. Solche Lokale gab es viele, vor allem im 15. Bezirk. Mir schien es, als wüsste jeder davon, sogar die Polizei. Aber sie duldeten es in unserem Bezirk, solange es sich nicht auf den Rest von Wien ausbreitete.

Zwischen Schule und Arbeit hingen wir im Studio ab, und es waren immer wieder andere Jungs vom Bezirk bei uns – jüngere, ältere, gefährliche oder Kiffer. Irgendwann saß da auf der Couch auch Fred von der French Connection. Sein ganzer Kleidungsstil schrie nach Paris: der Lacoste-Anzug, die Lacoste-Kappe und seine Reebok. Er war bestimmt fünf oder sechs Jahre älter als wir. Er kam aus der Elfenbeinküste und hatte schon eine kleine Rap-Karriere hinter sich und sattelte gerade auf Thaiboxer um. Mit tiefroten Augen lungerte er auf der Couch. Ich vermutete, dass er nur zum Kiffen bei uns war und um uns beim Blödsinn produzieren zuzuschauen. Ich war froh, mit jemandem außerhalb meiner Familie Französisch sprechen zu können. Als ich neben ihm einen Part rappte, sagte er zu mir: *„Glaubst du wirklich, du bist Killer-Kaira (französischer Ausdruck für Gangster) und erschießt alle? Du bist ein Junge mit Dreadlocks vom 15. Bezirk – du vergeudest deine Zeit."* Ich verstand nicht und fragte, halb wütend, halb verletzt: *„Was meinst du, Bruder? Wir arbeiten doch!"* Fred zog noch einmal an seinem Joint, dämpfte ihn aus und schüttelte seinen Kopf: *„Ich sag's dir. Ihr verliert so krass eure Zeit."* Ich hatte zuviel Respekt vor einem Älteren, um mit ihm darüber zu streiten. Seine Worte hingen mir allerdings lange nach. Ein paar Tage danach wurde mir bewusst, was Fred mir damit hatte sagen wollen. Klar, wir arbeiteten hart, aber ohne Ziel.

Ich hatte die Einstellung, dass sich harte Arbeit automatisch auszahlte. Doch ich lag falsch. Ich war Tag und Nacht am Schreiben, sogar in der Schule schrieb ich Texte oder malte Beat Patterns auf ein Blatt Papier und baute den Beat zu Hause am Computer. Mir fehlte der Fokus. Ich hatte Hunderte Projekte gleichzeitig: Ich arbeitete mit Drum-and-Bass-Produzenten, mit Dancehall- & Reggae-DJs und hatte „Family Bizz". Ich rappte mal patois, mal französisch, mal deutsch. Nichts hatte Hand und Fuß. Ich rappte jeden Tag irgendwelche Parts in die Mikros, aber produzierte niemals Songs. Ich rappte, damit es sich krass anhört, aber wer zum Teufel sollte sich das anhören? Wen sollte ich damit erreichen, hatte meine Musik keinen Sinn? Hatte Fred recht?

Es musste sich etwas ändern. Ich brauchte eine Richtung, einen Plan, ein Ziel. Nach dem Rausschmiss bei der EMI lösten Emirez und ich „Family Bizz“ auf, um Platz zu haben, etwas Neues zu gründen. Wir wollten die Angelegenheit etwas fokussierter angehen. Wir begannen bei unserem musikalischen Umfeld. Von den zehn Jungs in unserer alten Crew war gerade mal die Hälfte bereit, für die Musik auch zu bluten. Mir war wichtig, die komplette musikalische Vision unter Kontrolle zu haben, und ich lernte, Beats zu basteln. Ich besorgte mir einen „Korg Triton“-Synthesizer und legte los. Es dauerte nicht lange, bis ich die ersten tauglichen Beats beisammen hatte.

Die neue Crew von Emirez und mir hieß „Skandal“. Und das Konzept war einfach. Aus Fünfhaus für Fünfhaus. Wir wollten unseren Bezirk repräsentieren. Wir rappten nur noch auf Deutsch. Es fühlte sich anfangs komisch an, aber wir spürten schnell, dass wir damit auf dem richtigen Weg waren.

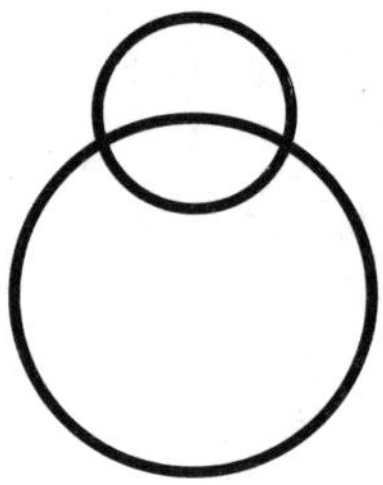

KAPITEL 4:

SKANDAL & DAS BRENNENDE »B«

Unsere erste EP sollte wie unsere Crew heißen. Wir wollten der Welt zeigen, was wir lieben: Fünfhaus. Und was wir hassten: die Bezirke innerhalb des Wiener Gürtels. Ich produzierte die komplette EP selbst und schnappte mir einen Grafiker, um ein mehr oder weniger vorzeigbares Cover zu entwerfen. Damals gab es keine iPhones, kein Instagram, vielleicht ein bisschen YouTube. MySpace war gerade erst frisch am Kommen. Wir mussten also irgendwie zusehen, dass wir unsere Musik auf eigene Faust an den Mann brachten.

Mit unserem „Vertrieb" fingen wir direkt da an, wo wir uns bestens auskannten: auf der Straße. Wir kopierten unsere Songs auf USB-Sticks und verteilten sie. Unsere Musik verbreitete sich auf der Straße und auf den Schulhöfen. Der Plan funktionierte. Wir fanden uns auf immer mehr MP3-Playern wieder und wurden im Bezirk von den Leuten erkannt. Zusammen mit ein paar anderen Crews wie SFU, OTK und Nazar entstand mit der Zeit der Ansatz einer Wiener Straßenrap-Szene. Unsere Crew „Skandal" war ganz vorne mit dabei. Wien war unser Gebiet, unser Planet. Als Wiener war ich wie fast alle Hauptstädter gefangen im Mikrokosmos der eigenen Stadt. Allerdings wusste ich schon relativ früh, dass ich nur noch weiter nach vorne kommen würde, wenn ich diesen Mikrokosmos verlasse. Wien ist die zweitgrößte deutschsprachige Stadt, aber nicht der Nabel der Deutschrap-Welt. Doch alles, was außerhalb der Grenzen des Landes stattfand, war für mich unerreichbar. Noch – wiederholte ich immer wieder in meinen Gedanken. Deutschland schien dagegen hell wie die Sonne auf mich: das Land der unbegrenzten Möglichkeiten, mit Berlin als betonschwerem Zentrum der deutschsprachigen Rap-Welt. Allein der Name dieser Stadt wog so viel, dass alles, für was diese Stadt stand, den gesamten Markt zu erdrücken schien. Aggro Berlin, Bushido, Paul Kalkbrenner, Rammstein, die Ärzte, Seeed. So viel Kreativität in einer Stadt. Wie bei einer Fußballaufstellung sah ich neben all diesen Top-Spielern einen leeren Platz in der Aufstellung.
Meinen Platz.

Ich musste nach Berlin, um zeigen zu können, was ich kann.
Da war nur ein Problem – Berlin war 650 km weg –, zu weit, um dort selbst hinzufahren und meine USB-Stick-Taktik auch dort anzuwenden.

Leider kannte ich auch niemanden in Berlin, der mir damit helfen könnte. In Wien lief das einfach – ich knüpfte meine Connections normalerweise bei Battles in Hiphop-Clubs. So war ich das gewohnt. Doch ähnlich wie der Rest der Welt sammelte sich auch die deutschsprachige Rap-Szene zunehmend im Netz. Also packte ich alle Songs in ein ZIP-File und schaffte es, ein paar befreundete Wiener „Unternehmer" zu überreden, ihnen „Werbeplätze" für ihre Projekte in diesem ZIP-File zu sponsern. Dreist, aber ich brauchte das Geld für den nächsten Schritt meiner Strategie. Insgesamt sammelte ich so ganze 1.000 Euro, mit denen ich wiederum Leute bezahlen konnte, die für ein bisschen Geld alle Foren und Kommentarspalten der meisten deutschen Rap-Portale damit bombardierten. Alle halfen mit. Sogar meine kleine Schwester verteilte unsere Songs. Schon damals stand meine Schwester fest an meiner Seite. Wir sind zu 100 Prozent Geschwister. Sie ist acht Jahre jünger als ich. Sie ist bildhübsch, unfassbar straight und steht für ihre Familie ein. Als sie ein kleines Kind war, habe ich sie gewickelt und etwas später jeden Tag in den Kindergarten gebracht und wieder abgeholt. Jetzt half sie mir und meinen Freunden, unsere Musik in das Internet zu pushen. Nach wenigen Wochen gab es kein deutsches Forum, in dem unsere EP nicht präsent war. In manchen wurde darüber sogar diskutiert.

Ich spürte, dass mein Einfluss größer wurde und dass die Grenzen der Stadt für mich nicht mehr galten. Ich sah ein winziges Loch in der Wiener Glaskugel und zögerte nicht. Mein Freund Majestic und ich kratzten 100 Euro zusammen, um mit dem Bus nach Berlin zu fahren. Ohne Ziel. Ohne Plan. Ohne eine Strategie. Diese Linienbusse waren ungemütlich, grau und ohne Beinfreiheit.

Je nach Verkehrslage dauerte die Fahrt zwischen acht und zwölf Stunden. Ohne mobiles Internet dehnten sich diese Stunden ins Unendliche. Ich hörte Beats auf meinem iPod, schrieb Texte oder starrte aus dem Fenster. Berlin, ich komme.

Unser erster Aufenthalt war kurz, aber hinterließ enormen Eindruck. Die Stadt hatte einen ganz anderen Vibe. Hier war jeder auf sich alleine gestellt. Als Majestic und ich planlos mit der Ringbahn durch Berlin fuhren, lernten wir den Rapper Asek kennen, der gerade dabei war, sein Album zu promoten. Er beklebte die Innenräume der U-Bahnen mit Stickern, auf denen das Release-Datum stand. Asek war ganz anders als die Musiker, die ich aus Wien kannte: Er war offen, interessiert und verdammt gastfreundlich. Majestic und ich hatten unsere 100 Euro für das Busticket verballert und nicht einmal mehr genug Münzen für einen Berliner Kebab. Obwohl Asek uns gerade erst kennengelernt hatte, lud er uns zu sich zum Essen und Abhängen ein. In seiner kleinen Wohnung in Moabit machten wir Spaghetti al tonno, und er zeigte uns stolz sein „Büro“, das eigentlich nur aus einem großen Kalender an der Wand bestand. Aber: Schon damit schaffte er es, mich zu beeindrucken. Asek hatte fünf Releases auf den Markt gebracht, und jedes seiner Alben war auf Vinyl gepresst worden – ein großes Statussymbol für einen Rapper.

Als uns Asek am Ende unseres ersten Berlin-Trips zum Bus zurückbrachte, fuhren wir über die Oberbaum-Brücke und sahen über der Spree das riesige „Universal“-Logo auf einem Backsteingebäude prangen. Das war es. Ich hatte mein Ziel gefunden. Genau dort wollte ich hin. Ich fühlte mich wie ein italienischer Immigrant, der in den 30er-Jahren nach New York gekommen war und das erste Mal die Freiheitsstatue sah. Eine neue Heimat. Ein Neustart. Das sollte Berlin für mich sein.

Zurück in Wien, dachte ich nur noch an die Stadt an der Spree. Wien war bis dahin für mich das gesamte Universum und Fünfhaus das gleißende Zentrum gewesen. Ich fühlte mich eingeengt und wollte nur noch ausbrechen. Meine Träume waren immer schon gespickt von Symbolen. Ich träumte auch als Kind nicht nur in Szenen, sondern sah Zeichen und konnte sie von allen Seiten betrachten. Mich plagten immer schon Schlafstörungen und Träume, die so real schienen, dass sie mich manchmal tagelang aus der Bahn warfen. In diesem Herbst zwischen den Welten sah ich eines Nachts ein brennendes „B“ deutlich vor mir. Es war aber nicht irgendein „B“. Es war das Logo von Bushido. Mehr ein Blitzlicht als ein bewusster Traum. Es geisterte mir tagelang im Kopf herum, während ich im Studio saß und Beats baute. Bushido kroch damals wie ein Schatten von Berlin aus nach Österreich. Er leitete die Community quasi alleine über sein „Kingbushido-Forum“. Darin sah ich auch eine Chance für „Skandal“. Ich muss betonen, nie ein Fan seiner Musik gewesen zu sein. Ich hörte nur französischen Hiphop, weil ich mich mit deutschem Rap nur schwer identifizieren konnte. Aber ich hatte Respekt vor seiner Leistung.

Wie die Vorsehung es wollte, riss mich ein Anruf von Joshi aus meinen Gedanken.

„Bruder, Stickle hat mich gerade angerufen, er ist mit Chakuza in Wien. Die sind mit Bushido hier für eine Show!", sagte Joshi. Stickle, ein Hiphop-Produzent aus Linz, und ich waren beim gleichen Label, Headquarter Records, auf dem unser erstes Album damals erschienen war. Mittlerweile arbeitete er gemeinsam mit Chakuza für Bushido.

„Ach was, krass", erwiderte ich und dachte sofort an meinen Traum.

„Ja, Mann, Stickle hat uns eingeladen, wenn wir Bock haben, sollen wir kommen." „Ja, okay, lass uns hingehen", sagte ich, immer noch perplex von diesem „Zufall".

Am Abend standen wir vor der Eingangstüre des Konzerts vor D-Bo, dem damaligen Künstler- und Tour-Manager der Jungs. D-Bo kannte uns nicht und sah uns kritisch an.

„Wir sind Freunde von Stickle. Er hat uns eingeladen", sagte Joshi.

„Das kann jeder erzählen", sagte D-Bo. Joshi begann zu diskutieren und fragte, ob er in den Backstage gehen könne, um uns die Pässe für den Eintritt zu klären. Mir war die ganze Situation unangenehm. Nie in meinem Leben hatte ich versucht, mich irgendwo reinzusnitchen. Wenn wir in den Volksgarten nicht reingekommen waren, kletterten wir über die Zäune. Aber niemals hätte ich mit jemandem diskutiert, um mir Zugang zu einer Veranstaltung zu verschaffen – auch wenn wir in dem Fall sogar im Recht waren. Das war für mich das Gegenteil von „débrouillard". Ein plumper Versuch. Ich wollte nur weg, aber Joshi blieb hartnäckig. Er überzeugte D-Bo tatsächlich, verschwand Richtung Backstage und kam

mit unseren Pässen zurück. Ich danke ihm bis heute dafür. Denn das Konzert war für mich eine Erleuchtung. Der Club platzte aus allen Nähten. Ich sah Bushido auf der Bühne – gemeinsam mit Baba Saad. Bushido musste seine Musik nicht kommerziell klingen lassen, um Erfolg zu haben. Er machte Straßenrap und war damit erfolgreich. Dieser Typ schaffte es, mit Fick-deine-Mutter-Texten Konzerthallen zu füllen. Ich stand in der letzten Reihe und spürte ein Feuer in mir. Ich wollte mit Emirez auch auf der Bühne stehen und allen erzählen, dass Fünfhaus der beste Bezirk der Welt ist. Und natürlich auch andere Dinge.

Am Tag nach dem Konzert besuchte uns Stickle am Reumannplatz. Wir spielten ihm unsere Beats und Songs vor. Er nickte nur kurz und sparte sich die Kommentare, aber in seinen Augen erkannte ich, dass er unser Potenzial sah, und ich drückte ihm eine CD in die Hand. Auch wenn es nur kleine Schritte waren – ich hatte das unbändige Gefühl, dass es vorangeht. Ich hatte das erste Mal Berliner Luft geatmet, die Grenzen meines eigenen Horizonts über die Grenzen meiner Stadt ausgedehnt. Ich hatte das Potenzial von Straßenrap auf der Bühne gesehen, und plötzlich schienen die Dinge wie von selbst ihren Lauf zu nehmen. Kurze Zeit später meldete sich Chakuza und bot uns an, gemeinsam ein Feature aufzunehmen. Stickle musste ihm unsere CD vorgespielt haben. Jackpot. Chakuza war bei Ersguterjunge/Universal unter Vertrag und lebte seit einigen Jahren mit Stickle in Berlin. Er war da, wo ich hinwollte. Wir luden ihn in unser Studio ein, um die Sache konkret zu diskutieren und direkt an Songs zu arbeiten. Ein absolutes Highlight für meine Crew. Für Chakuza aber augenscheinlich etwas befremdlich. Er saß eingeklemmt zwischen 15 Jungs in meiner kleinen Wohnung. Wir hatten zwar Weed und Zigaretten, aber nichts zu essen und keine Getränke. Chakuza ging zum nächsten Bankomaten und hob 300 Euro ab, kaufte Essen, Papier und Stifte. Das war für jeden von uns damals viel Geld. Diese Geste habe ich ihm bis heute nicht vergessen. Wir begannen unsere Texte gemeinsam zu schreiben. Die Chemie schien zu stimmen. Auf dem Rückweg nach Berlin schickte er mir zwei Songs, auf denen er unsere Features einbauen wollte. Joshi übernahm einen kompletten Part und ich die französischen Hooks. Beide erschienen auf dem Mixtape „Suchen & Zerstören". Das Mixtape verkaufte sich 25.000 Mal. Eine unfassbar hohe Zahl. Denn es war die Zeit von Napster und Co. Die Musik wurde illegal geladen und auf Rohlinge gepresst oder auf den MP3-Player gepackt. Es war das erste Mal, dass unsere Stimmen in Deutschland gehört wurden. Zudem hatten wir Chakuza bewiesen, dass wir zuverlässig arbeiten konnten und Hunger hatten.

Er bedankte sich in einem Telefonat und ließ in einem Nebensatz fallen, dass ich doch nach Berlin kommen solle.

Ich weiß nicht, ob es ihm bewusst war, welche Bedeutung diese Worte für mich hatten. Sie hallten in meinem Kopf nach und zementierten die Entscheidung, die ich in mir schon gefällt hatte. Ich wollte weg aus Wien, weg von meinen Beefs, weg aus meinem Sumpf, der mich hemmte und immer wieder zu Boden riss, wenn ich aufstehen wollte. Mir war mehr und mehr bewusst geworden, wie sehr ich ein Produkt der Leute war, mit denen ich mich umgeben hatte. Ich wollte mich neu erfinden, neu formen, neu definieren – in der Stadt der unbegrenzten Möglichkeiten –, und Chakuza ebnete mir mit wenigen Worten den Weg.

Ein paar Tage später erhielt ich dann von Chakuza die Möglichkeit, einen Remix für die neue Single von Bushido zu produzieren – für mich ein absoluter Ritterschlag. Ich sperrte mich im Studio ein und bastelte einen Remix, der allen sehr gefiel.

In mir brodelte es, und die Dinge ordneten sich neu. Ich kündigte meine Wohnung, beantragte in der SAE einen Wechsel nach Berlin, sperrte mich zuhause ein und produzierte binnen zwei Wochen über 100 Beats. Erst danach – zwei Wochen vor dem Umzug – eröffnete ich meiner Mutter meine Entscheidung. Ich selbst war im Geiste schon nicht mehr in Wien. Ich rasierte mir die Haare auf 3mm und bereitete mich darauf vor, meine Freunde, meine Beziehung, meine Familie und meine Stadt hinter mir zu lassen.

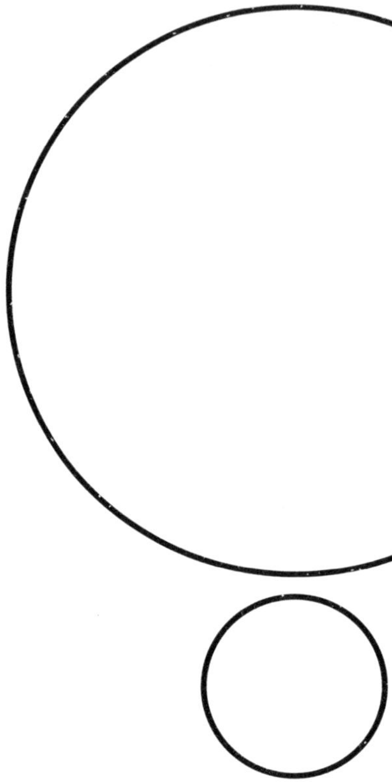

KAPITEL 5:

NEUE WELT

Anfang März reiste ich mit meiner damaligen Freundin Serena mit dem Linienbus ein weiteres Mal in die deutsche Hauptstadt. Wir erreichten den Busbahnhof um 05.30 Uhr. Es war dunkel und unbeschreiblich kalt. Eine Kälte, die ich aus Wien nicht kannte. Der Wind durchdrang jede Pore meiner Haut. Wir warteten in einer öffentlichen Toilette darauf, dass die ersten U-Bahnen über das Schienennetz fuhren. Ich hatte ein kleines Apartment in Berlin-Mitte gebucht – genauer in Moabit. „Berlin-Mitte" klang nach einem sauberen, schönen Innenstadtbezirk. Doch in der Birkenstraße hing die Trostlosigkeit an diesem Morgen tief über den Bordsteinen. Menschenleere Straßen, Graffitis. An den Laternen und in den Hauseingängen Sticker von Shok Muzik, Kaisaschnitt und Massiv.

Berlin war so viel trister, leerer und grauer, als ich es von meinem ersten Besuch bei Asek in Erinnerung hatte. Neben mir ein fragender Blick aus großen, grünen Augen: *„Hast du dir das gut überlegt, Raphael? Das soll deine neue Heimat sein?"*

Nachdem ich die traurige Wohnung besichtigt hatte, besuchte ich die Berliner Niederlassung von SAE.

In der SAE in Reinickendorf musste ich einige Dokumente unterschreiben, und die Supervisor diskutierten wild über Musik. Der eine zerriss die neue Single von Bushido in der Luft und fragte mich, was ich davon halten würde. Als ich ihm klarmachte, dass ich den Remix produziert hatte, wurde es still im Büro.

Wirklich jeder in Berlin schien damals Angst vor Bushido zu haben. Besser gesagt, vor dem Mann, der hinter ihm stand: Jeder wusste, wer das war. Neben mir wartete ein Typ mit rasiertem Kopf und 3-Tage-Bart auf seine Anmeldung. Er hatte das Gespräch verfolgt und sagte mir ins Gesicht: *„Du wirst sehen. Ab jetzt kacken sie sich vor dir ein, weil du etwas mit Bushido zu tun hast.“* Ich hatte Bushido noch nicht einmal getroffen, und schon hing ein Teil seiner Aura an mir. Der Kollege, der mich ansprach, hieß Hugo Bass und sollte bis heute mein DJ, Wegbegleiter und guter Freund werden.

„Ich wohne in Kreuzberg, müssen nur ein Stück mit dem Auto fahren!“, sagte Hugo, während ich ihm gespannt Richtung Parkplatz hinterherlief. Ich hatte zwar kein krasses Auto erwartet, aber sein rostiger Haufen war schon beeindruckend.

Der uralte Golf II hatte keine Blinker und ein Loch in der Mitte des Unterbodens wie im Auto von Fred Feuerstein. Die Karre würgte immer wieder ab, und wir mussten sie anschieben, damit sie wieder in die Gänge kam. Nach einer halben Stunde im „Hugo-Bass-Mobil" erreichten wir Kreuzberg. Überall Graffitis und Jungs in Picaldis, Alpha-Jacken und Nikes. Wir holten Gras und fuhren Richtung Friedrichshain, um dort in einem Lokal zu rauchen. In Berlin schien das jedem egal zu sein. Wir passierten die Brücke, vorbei am „Universal"-Logo zum Boxhagener Platz. Mich durchzuckte eine unbeschreibliche Energie. Ich fühlte mich wohl in dieser einerseits dreckigen und verschmierten, doch andererseits auch kreativen Gegend um den Boxhagener Platz. Hier sammelte sich alles, was zugezogen war, um in Berlin etwas zu erreichen. Ich rauchte mit Hugo Joints in einem Internetcafé und suchte mir ein WG-Zimmer. Genau hier wollte ich wohnen und bekam so meine erste Berliner Adresse: Boxhagener Straße 123. Mit einem WG-Zimmer in der Tasche verließ ich Berlin wieder per Bus Richtung Wien, nun bereit für meinen Sprung in eine andere Galaxie. Serena respektierte meine Pläne, vielleicht auch deswegen, weil sie wusste, dass ich mich sowieso schon entschieden hatte. Diese Entscheidung musste ich alleine treffen.

An einem Donnerstag war es dann so weit. Meine drei Jugendfreunde Pireli, Norbert und Sale Zombie, die mich bis heute begleiten, fuhren mich im Opel Zafira meiner Mutter mit meinen paar Sachen und Klamotten in meine neue Heimat Berlin. Als wir das ganze Zeug in das Zimmer gebracht hatten, war ich kurze Zeit später zum ersten Mal in meinem Leben gefühlt alleine. Ich hatte in Wien zwar auch meine eigene Wohnung gehabt, allerdings waren immer so viele Freunde in der Wohnung, dass kein Tag verging, den ich alleine verbrachte. In Wien pennten wir zu dritt oder zu viert im Bett und teilten Zigaretten und Essen brüderlich miteinander. Jetzt war ich in einer neuen Stadt. Ich fühlte mich wie ein Astronaut, der alleine einen fremden, eisigen Planeten erkunden möchte. Chakuza und Stickle, meine einzigen wirklichen Bezugspersonen, waren mit Bushido auf der „Vom Bordstein zur Skyline und zurück"-Tour. Musikmachen war auch keine Option, da ich in meinem Zimmer keinen Platz hatte und leise sein musste. Draußen zog immer noch der Berliner Winter durch die Häuserfronten. Kein Mensch hielt sich freiwillig auf der Straße auf.

Ich war endlich in Berlin, aber mir schienen die Hände gebunden zu sein. Untätigkeit ist seit jeher der Zustand, den ich mit am wenigsten ertrage.

Dann kam mir eine Idee – ich meldete mich bei Hamadi, dem Manager von Chakuza und Stickle. Die drei wohnten zusammen in einer WG in Kreuzberg, und er lud mich zu sich ein. Ich klingelte mit tausend Erwartungen an der Tür, wollte alles über das Business in Berlin wissen. Doch Hamadi wollte nur eines: Go spielen. Eine Runde des japanischen Brettspiels dauert mindestens zwei Stunden und erfordert eine Menge Geduld. Und ich hatte alles außer Geduld. Ich kam trotzdem jeden Tag wieder, um zwischen den Spielen etwas über das Musikgeschäft und Chakuzas „Pläne" mit mir zu erfahren. Aber Hamadi schwieg – oder hatte einfach wirklich keine Ahnung. Es waren lange zwei Wochen, bis die beiden von der Tour zurückkamen. Sie schwebten auf einer Wolke. Die Tour war ein voller Erfolg, und Chakuzas Album „City Cobra" stieg am 10. März direkt nach Veröffentlichung in die deutschen Top Ten ein. Da ich im Titeltrack gefeatured wurde, war das auch ein Achtungserfolg für mich. Doch Zeit zum Feiern blieb mir in Berlin nicht. Ich bekam am selben Abend einen Anruf, den ich bis heute nicht vergessen habe.

„Roger ist tot. In den Hals gestochen!", sagte mein Freund Muni aufgelöst am Telefon.

Meine Hand zitterte. Roger war wenige Stunden nach dem Vorfall im Krankenhaus gestorben.

„Ich komme nach Wien. Ich nehme den nächsten Bus", sagte ich und legte auf. Mein kleiner Triumph in Berlin wurde sofort von dieser traurigen Nachricht überschattet.

R.I.P.
ROGER

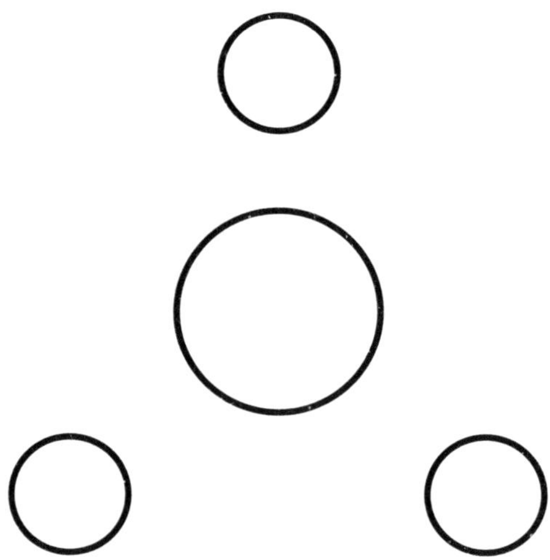

KAPITEL 6: CAMPS

In Wien angekommen, spürte ich, dass die beiden Wochen in Berlin in mir schon ihre Wirkung entfaltet hatten: Ich fühlte mich anders. Das Einzige, was die Städte verband, war das schlechte Wetter. Es regnete seit Tagen in Strömen. Die Menschen lobten mich für meinen Mut, die Sache anzupacken und es alleine auf mich gestellt in Deutschland zu versuchen. Doch ich hatte auch das Gefühl, dass alle nur auf mein Scheitern warteten, um mir danach ein „Ich habe es dir doch gesagt" zu geben. Ein ungläubiges Lächeln war unbewusster Teil jedes Gesprächs. Streitereien zwischen einigen Jungs aus den Bezirken vergifteten die Luft. Es ging ohnehin nur um Bezirke und wer jetzt wem was über wen anderen gesagt hatte. Ich war nur froh, mich aus diesen Dingen raushalten zu können. Ich hatte andere Ziele und Visionen. Außerdem war ich nicht für Beef in Wien, sondern um mich von meinem Freund Roger zu verabschieden. Diese Stadt schnürte mir die Luft ab. Ich hatte nach zwei weiteren Tagen von Wien genug. Ich holte mein Moped, packte es in den Autozug und brachte die letzten Dinge nach Berlin.

Als ich wieder in Berlin-Wannsee ausstieg und mein Moped vom Zug holte, hatte sich das Klima merklich verändert. Es schien die Sonne, und ich konnte wieder durchatmen. Auch konnte ich endlich die ersten Schritte in der Berliner Rap-Szene setzen.

Das kam so: Stickle fragte, ob ich bei dem Umzug des Studios der „Ersguterjunge" GmbH in die Ritterstraße helfen kann. Gemeinsam mit Kay One, der frisch dazugekommen war, Pireli (der mich immer wieder in Berlin besuchte), Stickle und Chakuza schleppte ich Möbel und Studio-Equipment in den ersten Stock einer der typischen Berliner Hinterhöfe. Dort begegnete ich Bushido zum ersten Mal. Er kam ins Büro, in das wir gerade Kartons stellten, und sagte allen reserviert Hallo. Ich hatte ihn mir größer vorgestellt. Respektvoll und ruhig begrüßte ich ihn – so wie ich es in Wien gelernt hatte, wenn ich Fremde und vor allem Ältere traf. Pireli war deutlich weniger beeindruckt und fragte mit bosnischem Akzent: *„Bruder, du bist Maler und Lackierer. Wie malt ihr Profis denn diese Ecken besser aus als so, wie es jetzt ist?"* Er zeigte auf einen Teil der Wand. Die beiden begannen eine Diskussion über Acryl, Silikon und deren Vor- und Nachteile. Bushido schien froh, einen normalen Menschen getroffen zu haben und einmal kurz über alltägliche Dinge reden zu können. Ich beobachtete ihn. Er wirkte bedrückt, in Gedanken vertieft und unglücklich. Mein Bauchgefühl sagte mir, dass die Stimmung zwischen Chakuza und ihm und auch den anderen Label-Kollegen sehr angespannt war.

Mein Glück in der WG in der Boxhagener Straße währte nicht lange. Ich hatte die WG-Regeln meiner beiden pingeligen Mitbewohner gebrochen, da ich unerlaubt Senf und Rasierschaum benutzt hatte – und wurde deshalb kurzerhand vor die Tür gesetzt.

Hamadi besorgte mir allerdings schnell ein neues Zimmer, zwar wieder nicht größer als ein Abstellraum, aber gegenüber von ihrer Beatlefield-WG in Kreuzberg. Beatlefield war das Produktionslabel, das Chakuza, Stickle und Hamadi damals gegründet hatten, um sich von Bushido zu emanzipieren. Dort bekam ich meinen ersten Vertrag als Co-Produzent. 350 Euro sollte ich pro Beat verdienen. Ich rechnete mir einen Verdienst von 1.500 Euro pro Monat aus. Leider aber völliges Wunschdenken – die Jungs hatten viel zu wenig Kontakte zu anderen Artists, und ich bekam dadurch meine Beats nicht auf den Markt. Das war keinesfalls ihr Fehler. Sie standen im Grunde auch noch ganz am Anfang und hatten keine Kontakte außerhalb des Bushido-Camps. Mir ging es finanziell also sogar noch schlechter, als es mir in Wien gegangen war. Dort hatte ich immerhin eine Familie gehabt, zu der ich gehen konnte, wenn ich Hunger hatte. Trotzdem fühlte ich, dass Berlin ein Schritt nach vorne war. Denn die Spaghetti für 1,75 Euro im Restaurant „Die Stiege" schmeckten nach Erfolg. Immerhin aß ich sie direkt neben dem größten Studio von ganz Berlin.

Die erste Ahnung, wie sich Ruhm anfühlt, bekam ich, als ich neben Stickle am Mischpult saß und Songs mischen durfte, die danach von 100.000 Menschen gehört wurden. Das Feuer brannte in mir. Ich arbeitete, sobald ich die Augen öffnete und bis ich sie spät nachts wieder schloss. Ich produzierte mindestens einen Beat und Song pro Tag, lernte von Stickle das Mischen und ging nebenbei zur SAE, um Musikmanagement zu lernen. Dort weihte mich Hugo Bass in seine Kreise ein. Ich lernte junge Rapper wie Tarek von K.I.Z. und Silla kennen. Manchmal spürte ich, dass mein Feuer zu stark brannte und ich überhitzte. Ich wollte so schnell nach oben, wie es irgendwie möglich war. 2007 war die Zeit der Hypes um Berlin. Und mit jedem Hype kommen Beefs. Jedes Camp hatte seine Hintermänner. Loyalität wurde großgeschrieben. Und das bedeutete in Berlin etwas anderes als in Wien. In Wien ging es um nichts. Es war nicht das große Geld im Spiel, daher war die Unterwelt an dem Ganzen nicht interessiert. Zudem kannte immer jemand jemanden aus dem anderen Lager, der schlichten konnte, wenn es einmal Stress gab.

Die Berliner Camps waren anders, und jedes Camp konnte ohne die anderen existieren. Wir hatten gefühlt mit jedem anderen Camp Streit. Ich versuchte mich aus Loyalität zu Chakuza aus allem rauszuhalten, aber es gelang mir nicht immer. Auch weil die kleinsten Angelegenheiten zu Problemen führten. Einmal wurde Chakuza von Bushido aufgefordert, unsere Verbindung zu überdenken. Und zwar nur deshalb, weil Emirez und Nazar ein Feature auf einem Mixtape hatten, in dem auf einem komplett anderen Song Bushido gedisst wurde. Alleine diese Verbindung über mehrere Ecken reichte aus, dass es zu Spannungen kam. So war das damals in Berlin. Kontakt zu anderen Camps war verboten. Aber es war ein falscher Begriff von Loyalität. Es war eine Fassade. Jeder sprach von Loyalität, doch drinnen im Herzen tobte immer die Konkurrenz – auch im Camp Bushido. Es war eine Zeit der Eifersucht in einer Stadt, die viel zu viele Rapper beheimatete. Und zu viele Vampire, die am Erfolg teilhaben wollten.

Vampire, so nannte ich die, die mit Musik nichts zu tun hatten. Sie suchten die Nähe durch ungewollte Hilfeleistungen oder provozierten bewusst einen Streit.

Die Vampire beißen sich fest, wollen dein Geld und dein Blut.
Ich war zurückhaltend und zu gewieft, zu misstrauisch für ihre Taktiken. Allerdings hat dieses ständige Misstrauen im Gegenzug einen Teil meiner Seele verändert.

VON VAMPIREN

Wo es Nahrung gibt, gibt es Raubtiere.

Wo es Geld zu verdienen gibt, gibt es die, die es verdienen, und die, die sich an denen bereichern, die es beschaffen.

Es gibt Nutztiere und Ausbeuter. Ich würde behaupten, dass es niemanden gibt, der es nach oben geschafft hat, sich komplett frei davon zu bewegen. Auch ich nicht.

Ich sah in 15 Jahren Rap-Business Dinge, die mir keiner glauben würde, der nicht bereits in dieser Situation war. In den letzten Jahren kamen viele Fälle an die Öffentlichkeit, das Verständnis dafür hat meiner Meinung nach sowohl der Fangemeinde als auch der Öffentlichkeit gefehlt.

Ich sah die angesagtesten Stars, die gehalten wurden wie Nutztiere. Nachts wurden sie von ihren „Freunden“ angerufen, in Clubs bestellt und dort vor allen Leuten geopfert und wieder nach Hause geschickt.

Geknechtet, gebrochen und gezwungen, weiter Musik zu machen, um Geld einzubringen.

Für mich sah das Ganze aus wie Prostitution. Andere schafften es, mit ständigen Gefallen ihre Hintermänner ruhigzuhalten, und gingen so ihren Weg. Andere wählten den Weg der Konfrontation und verschwanden einfach aus dem Musikgeschäft.

Wenn ich daran denke, dass die zwei größten amerikanischen Rap-Legenden von Hintermännern erschossen wurden, müsste das auch die letzten Zweifler verstehen lassen, dass dieses Geschäft auch gefährlich sein kann.

In Deutschland ist die Situation natürlich nicht mit der in den Staaten zu vergleichen, aber das System ist dasselbe. Um aus einem angehenden Star ein Nutztier zu machen, muss man ihn brechen.

Einen Menschen zu brechen ist einfach.

I

Versetze ihn in einen Schock, gerade da, wo er sich am sichersten und geborgensten fühlt. – Er wird von nun an ständig Paranoia haben, ob etwas passiert.

II

Streite dich, um dich zu versöhnen. Aber zeige ihm, dass nichts schlimmer ist als ein Streit. – Somit wird er ständig versuchen, einem Streit aus dem Weg zu gehen.

III

Lass ihn glauben, dass du ein besserer Freund bist als all seine Freunde, und isoliere ihn dadurch von seinem Umfeld. – Damit erreicht man die totale Kontrolle.

IV

Zeige ihm deine Macht und erinnere ihn an seine unterbewusste Angst mit indirekten Drohungen. – Damit er sich nie entspannen kann und die Angst niemals vergeht.

V

Sei in einem Moment der beste Freund und in der nächsten Sekunde der schlimmste Feind – So wird er sich nie wirklich sicher fühlen.

Da ich sehr jung schon damit in Kontakt gekommen bin, habe ich eine starke Sensibilität dafür entwickelt, wie man sich in dieser Welt verhalten muss.

Das sind meine Leitsätze:

I

Bleib immer auf der geraden Seite und lüge niemals.

II

Sage niemals etwas zu, das du nicht halten wirst, und gib acht, wem du Versprechen gibst.

III

Halte Menschen auf Distanz. Auch die, bei denen du im ersten Moment ein gutes Gefühl hast. Sie können die Schlimmsten sein.

IV

Achte auf den Ruf der Menschen. Meistens steckt etwas Wahrheit in diesen Gerüchten.

V

Lasse dich niemals verbiegen. Keinen einzigen Millimeter.
Je weiter dich jemand biegen kann, desto schwerer wirst du wieder gerade.

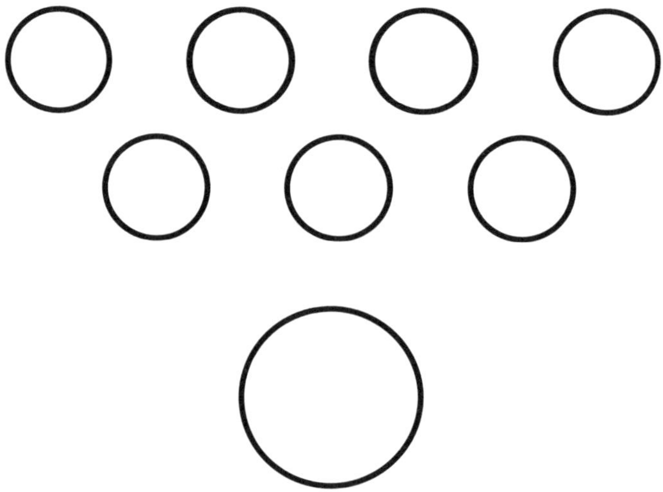

KAPITEL 7:

ZITU ZITU MEZZO MERCATU

Ich richtete den Fokus wieder auf meine Karriere. Die Konkurrenz schlief nicht. Berlin war wie ein Käfig voller hungriger Tiere, und in der Mitte lag ein riesiges Stück Steak, um das sich alle rissen. Noch gehörte ich zu den Tieren in der hintersten Reihe des Käfigs, die nicht mal wirklich wissen, wie ein Steak aussieht. Trotzdem war die Konkurrenz auch in den hintersten Rängen schon deutlich spürbar. Jeder Bezirk hatte seine Stars. Es gab so viele Rapper in der Stadt, dass die Jugendzeitschriften Allstar-Poster über die Berliner Szene veröffentlichten und die Labels mit den Verträgen für neue Künstler nicht mehr nachkamen. Es gab sogar eine eigene „Rap City Berlin“ DVD und die „Mini City“ – einen eigenen kleinen Bereich im Europa Center, dem riesigen Einkaufszentrum in Charlottenburg, in dem Fans durch kleine Verkaufsgassen gehen konnten, und überall ging es um Deutsch-Rap.

Für mich war es ein Ritterschlag, dort eines Tages in der Auslage zu stehen – neben Underground-Größen wie Frauenarzt und King Orgasmus One. Auf fast allen Covern waren Ärsche und ein schlecht belichteter Rapper mit Sonnenbrille inmitten der Ärsche abgebildet. In der Mini City war es spürbar, dass Hiphop in dieser Stadt an vielen Plätzen lebte. Auf dem Ku'damm war es der Mainstream. Der Nike-Store war komplett plakatiert mit einem riesigen „Ersguterjunge" E-Plakat, in den Souvenirshops gab es Bushido-Schlüsselanhänger – und am Bahnhof Zoo das alles dominierende „Bushido - 7"-Plakat zu seinem damals aktuellen Album. Wenn Reisende in Berlin-Zoo ausstiegen, sollten sie als Erstes Bushido sehen. Das gelang auch, und die brachialen Marketing-Tricks von „Ersguterjunge" imponierten mir sehr. Allerdings wurde auch wie verrückt kopiert. Damals gaben Aggro Berlin und EGJ den Ton an. Specter – der kreative Kopf hinter Aggro Berlin – entwarf den Look dieser Zeit. Alle Logos hatten dicke Linien, geschwungene Schriftzüge oder Großbuchstaben. Murat Aslan, der Fotograf der Berliner Rap-Szene, gab den Bildern mit viel Schärfe und Kontrast inmitten von Wolken und Hauswänden seine Signatur.

Der Spirit der 90er-Jahre hatte sich ins Gegenteil verkehrt. Aus befreundeten Crews, die die bedingungslose Liebe zu Rap vereinte, entstand eine Szene, die nicht müde wurde zu betonen, auf Rap zu scheißen und nur wegen des Geldes in der Szene zu sein. Das schuf eine aggressive Mischung. Auf Bushidos „Ersguterjunge" folgte MOKs „Ersböserjunge" GmbH – selbstverständlich mit demselben Logo und Schriftzug. Auf die Klage von EGJ folgten Disstracks der anderen Seite. Shok Muzik bekriegte sich mit Massiv um Wedding. Die Online-Magazine trugen die Berliner „Rap-Kriege" bis in die Schweiz und nach Österreich. Und zu berichten gab es jeden Tag genug: Aggro Berlin gegen „Ersguterjunge". EGJ gegen Fler. Fler gegen alle. Alle gegen Eko. Eko gegen Hengzt. Hengzt gegen Abusex. Abusex gegen Silla. Silla mit Sido und Alpa gegen Bushido. Bushido gegen Universal. Die Medien machten daraus eine Deutschrap-Soap mit endlosem Drehbuch.

Die Camps bekamen sich wegen Dingen wie MySpace-Toplisten und Fitness-Studios in die Haare. Jeden Tag sprach jemand gegen jemand anderen ein Berlin-Verbot aus. Kleinste Andeutungen in Texten reichten, um einen Beef loszutreten. Jeder suchte danach. Es war gut fürs Geschäft. In diesen Zeiten erreichte Arafats Café „Al Bustan" Legendenstatus. Jeder in Berlin erinnert sich an das Attentat auf Fler, als drei maskierte und mit Messern bewaffnete Männer das MTV-Studio stürmten. Beef war wichtig, damit die Magazine was zu schreiben hatten. Um Beef zu starten und über Schießereien zu rappen, musste ein Nachwuchskünstler zumindest jemanden kennen, der schießt. Also kamen Leute aus dem „Milieu" in die Szene, die mit Musik absolut nichts zu tun hatten.

Auf diese Szene legte ich jetzt meine Hoffnungen. Meine Mutter weinte nach meinem Umzug drei Tage lang. Sie hatte ihren Sohn an eine fremde Stadt verloren. Wir telefonierten oft miteinander. Als ich ihr erzählte, was in Berlin so los war, gab sie mir einen sehr guten Rat. Einen Spruch, den ihr ihre Großmutter auf Neapolitanisch beigebracht hatte: *„Zitu zitu mezzo mercatu."*
Das bedeutet so viel wie: *„Mach dein Ding ganz ruhig und diskret*

in der Mitte des Marktes, wo alle herumschreien." Ich hielt mich aus den Streitereien so gut es ging raus, blieb fokussiert. Das war nicht mehr so einfach, denn inzwischen wurden alle großen Rapper von einer der großen libanesisch-kurdischen Großfamilien beschützt. Oder sie waren wie Deso Dogg, Bogy oder Blokkmonsta. Über diese Jungs gab es Geschichten, die wie ein Hollywood-Film klingen. Stechereien, Kellerentführungen, Motorsägen und anderes schweres Arsenal. Neben den Großfamilien und den Einzelkämpfern gab es 1.000 kleine Gangs wie Massaker 36, die Kreuzberger 36 Boys, 36 Kings, Berlin Crime. In der Mitte dieser Pfütze voller Krokodile waren ich und Sale, der mittlerweile auch nach Berlin gekommen war.

Wir bewohnten in der Boxhagener Straße 48 in Friedrichshain eine 2-Zimmer-Wohnung, die uns ein House-DJ untervermietet hatte. Stickle hatte mir seinen alten iMac, ein Tascam-Mischpult und ein halbwegs professionelles Mikro vermacht. Unter dem Hochbett baute ich mir mein erstes Studio in Berlin auf. Es war damals Mode, in Studios einzubrechen und das Equipment zu klauen. Das EGJ-Studio wurde verwüstet. Ein Einbruch, der dem Master von Sidos Album „Ich" galt, misslang. Ich war vorsichtig und erzählte nur meinen engsten Vertrauten von meinem Studio. Zitu zitu mezzo mercatu.

Ich war 23 Jahre alt und machte meine ersten Erfahrungen mit der Berliner Politik. Ich hatte die Loyalität, die in Berlin über drei Ecken funktionierte, unterschätzt. Ich war mit Silla, der bei Aggro Berlin unter Vertrag war, eine Nacht im H2O-Club feiern und hatte danach bei Chakuza auf der Couch gepennt. Als Freund von Chakuza, der wiederum zu Bushidos Camps gehörte, war es allerdings nicht angebracht, mit Silla abzuhängen. Es kam am Morgen zum Streit mit Chakuza. Diese Politik machte es mir unmöglich, mein Netzwerk zu erweitern, weil hinter jedem anderen Rapper jemand stand, der mit jemand anderem nicht cool war. Ich verstand das nicht wirklich. Aber wie sollte ich als Junge aus Wien den Berlinern ihre Politik erklären? Ich mied also aus Loyalität zu Chakuza, der mich nach Berlin geholt hatte, den Kontakt zu Rappern, die nicht zum Bushido-Beatlefield-Universum gehörten. Mir war bewusst, dass meine Karriere so zwar gebremst wurde, aber meine Loyalität zu Chakuza war mir wichtiger. Unser abgeschiedenes Camp wuchs, als Bizzy Montana und Sprachtot zu uns kamen, und es entstand eine kleine Crew in der Luckauer Straße in Kreuzberg. Vor allem mit Sprachtot hatte ich eine gute Zeit. Er kam aus Mannheim, und ich feierte ihn extrem. Sprachtot war ein großer, schwerer Halbschwarzer und hatte alles, was es braucht, um erfolgreich zu werden: eine heftige Stimme, stabiles Auftreten und genug Rückhalt aus seiner Heimatstadt. Auch Chakuza und Stickle feierten Sprachtot und luden ihn oft nach Berlin ein. Für mich war klar, dass Sprachtot bald der neue Star sein würde. Es war nur eine Frage der Zeit. Ich verstand mich sehr gut mit ihm und seinem 17-jährigen Manager Hadi El Dor, auch musikalisch. Und zwar so gut, dass wir unter meinem Hochbett-Studio mit der Arbeit an unserem Kollabo-Album „Daywalker“ begannen. Es entstand eine gesunde Konkurrenz, die meinen Kampfgeist weckte, und ich wurde mit jedem Song besser. Mit diesem Album wollte ich mich beweisen und zeigen, was ich produktionstechnisch und auch als Rapper drauf hatte. Es gab nur ein kleines Problem: Ich veröffentlichte unter dem Namen RAF. So hieß allerdings auch ein Frankfurter Rapper, der bei Azad unter Vertrag war. Hugo Bass kam schließlich mit einer Idee und sagte: „Du kommst doch aus Neapel. Warum nennst du dich nicht Camorra?“ Das gefiel mir. Ich überlegte nicht lange und nannte mich RAF Camora, mit einem „R“.

Der neue Name war gefunden. Sprachtot und RAF Camora – „Daywalker“. Das klang nach etwas. Wir trieben das Projekt voran, aber im Hintergrund liefen Konkurrenzkämpfe um die Gunst von Chakuza. Chakuza war im engen Kreis von Bushido und so etwas wie der Torwächter zu den Millionen, die Bushido kassierte. Jeder wollte seinen Teil davon. Ich spürte die Sticheleien und Schleimereien, wollte mich an diesem Spiel aber nicht beteiligen. Zitu zitu mezzo mercatu.

Ich weiß nicht, ob Chakuza das auch so wahrgenommen hat. Viele Jahre später geriet ich selbst in solche Situationen. Ganz egal, wie mißtrauisch ich bin. Es ist kaum einschätzbar, wie weit Menschen für Erfolg gehen würden. Sprachtot begann sich zu verändern, als die Industrie Interesse an ihm zeigte. Die A&Rs sprachen mit ihm über Vorschüsse, Booking-Agenturen buhlten um seine Gunst. Sein Ego wuchs mit dem Hype. Ich beendete das gemeinsame Projekt, als er zu mir sagte: *„Denke nicht daran, dich mit mir auf eine Stufe zu stellen.“* So starb „Daywalker“. Es sollte aber nicht das letzte Kollabo-Album für Sprachtot werden, das nicht herauskam. Insgesamt waren es fünf Alben, die Sprachtot wegen Streitigkeiten nicht auf den Markt brachte.

Wir hatten für „Daywalker" zwei Interviews mit der „Juice" und der „Bravo Hiphop" bestätigt. Das war im Jahr 2008 ein enormer Faktor und ganz und gar nicht leicht zu bekommen. Es bedeutete mir viel. Doch ohne Album kein Interview. Bis zu den Terminen mit den Redakteuren blieb mir ein Monat, und mein einziger Weg, um in die Magazine zu kommen und die Interview-Slots zu halten, schien mir ein Solo-Album zu sein. Die Crew belächelte mein Vorhaben. Als Rookie hatte ich ja noch nichts vorzuweisen. *„Entspann dich", „du hast keinen Druck", „gut Ding will Weile haben"*. Davon wollte ich nichts wissen. Ich hatte Druck und wollte diese Chance nicht einfach verstreichen lassen. Also setzte ich mich an das Album, schrieb Tag und Nacht an den Texten.

Ich öffnete früh morgens die Augen – Kaffee, Zigarette und los gings. Ich fuhr den Computer hoch, bastelte Beats und schrieb meine Parts. Erst nachdem ich mindestens zwei Parts fertig hatte, aß ich eine Kleinigkeit. Danach machte ich weiter. Ich ackerte jeden Tag zwölf Stunden für mein Street-Album.

Ich mischte die Songs so gut ab, wie es mir nur irgendwie möglich war. Ich wollte einen bleibenden Eindruck bei den Reportern und Kritikern der Rap-Industrie hinterlassen.

Der „Juice"-Reporter hieß Oliver Marquart. Rote Haare, Hornbrille, kritischer Blick. Später wurde er Chef von rap.de. Er besuchte mich in der Boxhagener Straße und setzte sich zu mir unters Hochbett. Ich ließ den ersten Song von „Therapie" laufen und zündete schon die zweite Zigarette an. Was tun, während die eigenen Songs unter die Lupe genommen werden? Ruhig dasitzen? Mitrappen? Abgehen? Ich war zu unruhig und entschied mich dann dazu, einfach rauszugehen und ihn mit der Musik alleine zu lassen. Er ließ sich nicht zu einem Kommentar herab. Das störte mich. Lieber hätte ich mir sagen lassen, dass das Album komplette Scheiße ist, als dieses neutrale Schweigen. Aber ich war nicht in der Position zu diskutieren. Das Interview wurde auf einer kompletten Seite in der „Juice" abgedruckt. Ich war wahnsinnig stolz, weil das vor mir nur sehr wenige Österreicher geschafft hatten. Das Interview mit der „Bravo" wurde nur am Telefon geführt. Die Redakteurin war nur an der Schlagzeile interessiert. Das Ergebnis war ein kleiner Bericht, den ich mir mit anderen Newcomern teilte: *„RAF Camora – mit 17 fast verbrannt"*. Was diese uralte Geschichte über einen Unfall im Jahr 2001 mit meiner Musik zu tun haben sollte, verstand ich nicht. Aber es war 2008, und da musste alles klingen wie ein Blockbuster.

Im Juli 2008 kam dann endlich dieses erste Mixtape auf den Markt: „Therapie vor dem Album". Stickle fotografierte mich im Hausflur der Luckauer Straße in Berlin. Dort lag der Moder in der Luft wie in allen Berliner Stiegenhäusern. Stickle hatte wenig Zeit und sichtlich noch weniger Lust auf das Shooting. Aber er tat es für mich, und ich war ihm dankbar dafür. Ich hatte mir ein weißes Shirt mit einer „15" für Fünfhaus in einem Copyshop drucken lassen. Dazu trug ich eine viel zu große Picaldi-Jeans und sehr dreckige, weiße Air Max. Gut war das Foto nicht. Aber ich hatte gelernt, mit dem zu arbeiten, was ich hatte. Und zu versuchen, daraus das Beste zu machen. So entstand das Cover meines ersten Mixtapes.

Es sollte auf Beatlefield Records erscheinen. Ein Label, das bis heute nicht gegründet wurde. Ich sollte das erste Signing sein, aber mit der Veröffentlichung warten, bis die Strukturen auf sicheren Beinen standen. Ich war dafür viel zu ungeduldig. D-Bo hatte kürzlich Wolfpack gegründet, und Chakuza gab mir zähneknirschend grünes Licht, dass „Therapie vor dem Album" bei ihm erscheinen konnte. Ich kannte D-Bo noch nicht gut, aber hatte Respekt. Er war clean, kokste und trank nicht und drückte sich sehr präzise und ruhig aus. Er sah keinen Sinn in Luxus, fuhr immer mit der Bahn und war tatsächlich auf dem Boden geblieben, obwohl er mit Bushido und King Orgasmus damals „I luv money-Records" gegründet hatte und sich dann mit „Ersguterjunge" in den Berliner Olymp katapultiert hatte. Nach der Trennung von Bushido gründete er Wolfpack. Er führte den Laden mit viel Weitsicht und Ehrgeiz, schlief manchmal im Büro, weil es so viel zu tun gab. Von ihm konnte ich einiges lernen. D-Bo spürte mein musikalisches Talent und meinen Ehrgeiz.

Eine Art, die mir völlig fremd war und mir das Gefühl gab, dass ich auf sein Wort zählen konnte. Außerdem war er der erfahrenste Geschäftsmann, den ich kannte. Endlich war etwas von mir auf dem Markt. 18 Monate nach meiner Ankunft in Berlin. Ich verdiente das erste Mal Geld mit meiner Musik. Nicht viel, aber für einen Kerl, der unter seinem Hochbett ein Studio eingerichtet hatte, war es ein Erfolg.

Für die Promo gab es allerdings kein Budget. Und damit meine ich nicht 10.000 Euro, sondern null. Ich zerbrach mir den Kopf, wie ich es promoten sollte, dachte an die „Skandal"-Taktik, an ZIP-Files und Rap-Foren. Doch das Internet hatte sich verändert. Foren waren in der Versenkung verschwunden. Jetzt gab es MySpace. Ich versuchte so viele Leute zu adden, wie es möglich war. Doch das war zu wenig. Ich brauchte mehr Tools. Ich überredete jemanden aus dem Sticker-Business, noch eine Rolle für mich mitzudrucken, wenn er den nächsten großen Auftrag hatte. So bekam ich 5.000 Sticker fast gratis. D-Bo zahlte mir ein Interrail-Ticket, damit ich von Stadt zu Stadt fahren konnte, um die Aufkleber an den Mann zu bringen. Sale kontaktierte Fans, die ich ihm in jeder Stadt ausfindig gemacht hatte. Welcher Manager ruft Fans an, um sie zu fragen, ob der Künstler vielleicht bei ihnen übernachten könne? Es war absurd, aber es klappte. Sale fand in jeder Stadt jemanden, bei dem ich schlafen konnte. Das Leben aus dem Koffer heraus, von Stadt zu Stadt fahrend, mit 5.000 Stickern im Gepäck, gab mir ein gutes Gefühl. Denn ich tat alles, was nötig war.

„Therapie“ wurde veröffentlicht, und ich ging stolz in den nächsten „Saturn“, um mir die Platte selbst zu kaufen. Aber kaum ein Geschäft hatte sie vorrätig, weil wir einfach zu wenige Stückzahlen hergestellt hatten. In Wien war es besonders schlimm. Wenn ich die Mitarbeiter danach fragte, zuckten sie mit den Schultern.

„RAF Camora, nie gehört.“

KAPITEL 8:

DIE PROPHEZEIUNG (DER PAKT I)

Mich holte meine Vergangenheit wieder ein. Die Albträume kamen zurück. Eines Nachts wachte ich auf. Der Mond schien durch das Fenster meiner Wohnung. Ich ging in die Küche, zündete mir eine Zigarette an und starrte in den Nachthimmel.

Ich legte das Requiem von Mozart auf, schenkte mir ein Glas Yamazaki ein. Durch das geöffnete Fenster hörte ich das Stimmengewirr der Hausbesetzer, die in den letzten Jahren immer weiter aus ihrem Revier an der Rigaer Straße verdrängt wurden.

Ich versank in meinen Gedanken. Warum werden Künstler immer erst gehypt, nachdem sie tot sind? Ich lebte in der deutschen Hauptstadt und hatte meine Heimat verlassen, um etwas zu werden: Musiker, Produzent oder im schlimmsten Fall Ghostwriter. Mittlerweile kannte ich die Berliner Szene und hatte mir ein genaues Bild der Berliner Industrie gemacht.

Kein Tag verging ohne Arbeit. Manchmal hatte ich zwei Wochen am Stück auf einer Couch im Studio geschlafen. Die Beziehung zu Serena hatte ich so vernachlässigt, dass sie sich mehr und mehr von mir distanzierte. Meine Freunde und meinen Bezirk hatte ich schon so lange nicht mehr gesehen. Stattdessen war ich umgeben von Wölfen und Vampiren.

Die Paranoia wurde von Joint zu Joint schlimmer. Wenn sie aufstieg, versuchte ich sie mit einem weiteren Joint wieder zu verdrängen. Wenn sie mir zu viel wurde, schrieb ich einen Song. Doch jeder Song, der entstand und nie publiziert wurde, ließ mir alles noch sinnloser erscheinen. Meine Songs waren wie ungeborene Kinder. Wie Kunstwerke, die in einem Keller vergammeln und mit etwas Glück eines Tages auf einem Flohmarkt landen. Songs ohne Zukunft, ohne Rahmen, ohne Wertschätzung. Jede Nacht hatte ich wirre Träume von Krankheiten, riesigen Leguanen an Beatmungsstationen. Von Kadavern in Wiener U-Bahn-Schächten. Serena sagte mir, dass sich der Raum mit Traurigkeit füllte, wenn ich ihn betrat.

Die Musik hielt mich am Leben. Allein der Traum, es irgendwie zu schaffen. Ich hatte die Erwartung an mich selbst, jemand zu sein. Der einzige Weg dorthin war über meine Musik.

Ich erwachte aus meinen Gedanken. Aus der Spiegelung in der Fensterscheibe sah mich eine graue Gestalt an. Tiefe Augenringe, mehr Asche als Haut.

Ein Teil von mir verweste.

Ich richtete meinen Blick auf die vergilbte Decke. Mozarts Requiem näherte sich seinem Höhepunkt. Mozart erreichte seinen Zenit erst im Grab.

Ich schloss meine Augen und ließ einen Beat laufen, den Hamudi produziert hatte. Eine dunkle Gitarre und Sprechchöre. Ich verfiel in den Beat und sah vor meinem inneren Auge, wie ein schwarzer Schatten vor meinem Fenster landete.

Es war ein Rabe. Er saß einen Meter von mir entfernt auf dem Fensterbrett. Sein Schnabel glänzte im Mondlicht. Er blickte mich an. Sah die 9 Millimeter, den Whiskey, den Aschenbecher. Seine Lider zuckten. Sein Blick wich meinem nicht aus.

Der Rabe versprach mir Erfolg, mehr Geld, als ich ausgeben kann, ausverkaufte Hallen, mein Traumhaus am Strand, Goldawards. Das alles sah ich vor meinem inneren Auge. Doch ich sah auch das hässliche Gesicht dieser Welt. Bilder von zugekoksten Prominenten auf Popgalas, süchtig nach Aufmerksamkeit, Bilder von Tausenden Kindern, die mich in meiner Stadt umzingeln. Schattige Konturen von Stalkern, die mein Privatleben genau beobachten. Bilder von meiner Mutter, die ihren Sohn vermisst, der seit Jahren nicht mehr zu Hause war. Bilder von meiner Frau, die mich verlässt, weil sie mit dem Druck und der Eifersucht nicht mehr klarkommt. Bilder von mir selbst als reicher, aber einsamer Mann ohne Familie und Menschen, denen er trauen kann. Bilder von Wölfen und Vampiren. Bilder von teuren, aber wertlosen Uhren die sich viel zu schnell drehen. Bilder einer Waffe vor meinem Gesicht. Bilder von Dunkelheit. Ich öffnete meine Augen.

Bei Kurt Cobain war der Rabe zu spät gekommen. Er hat sich mit einer abgesägten Schrotflinte in den Kopf geschossen. Er hat der Nachwelt nicht einmal sein Gesicht hinterlassen. Eine Entscheidung kurz vor seinem Tod. Wie lautete meine?

Meine Antwort an ihn war mir klar: Ich würde es alleine schaffen.

So das Ende vom Lied.

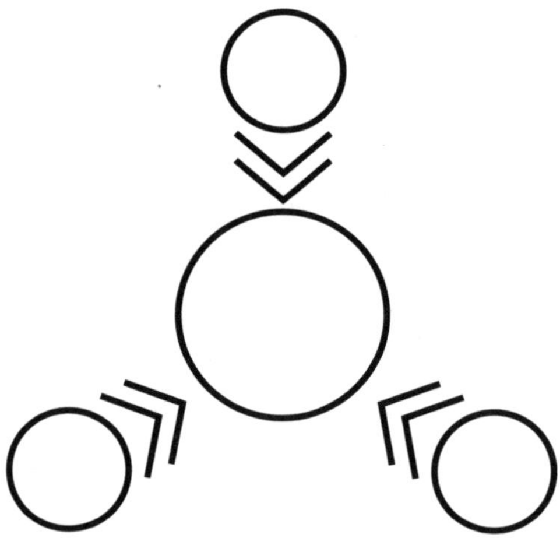

KAPITEL 9:

SELBST-FINDUNG & -ZERSTÖRUNG

Ich dachte an meinen Großvater, der mir immer wieder mit seinen Taten bewiesen hatte, dass nichts unmöglich war. Als Analphabet tauschte er damals in Süditalien einen Führerschein gegen einen Schinken und schaffte es, in der Schweiz ein Leben aufzubauen. Er schaffte es, in einer fremden Sprache einen Beruf auszuüben, den er nie erlernt hatte. Auch ich musste die Dinge positiv sehen und meine Erfolge achten, die ich bisher erreicht hatte.

Immerhin schaffte ich es, mein Album in die Mini City zu bekommen. Aber für mich war das erst der Beginn von etwas Großem. Jetzt musste ich mit dem Album nachlegen. Ich wollte etwas Neues schaffen. RAF Camora sollte nicht so wie der Rest klingen. Ich wollte Rap in Deutschland revolutionieren. Mein Plan war es, eine neue Musikrichtung zu erfinden.

Wie erfindet man einen neuen Stil? In meinem Fall war es gar nicht so schwer. Ich fuhr nach Amsterdam, setzte mich in einen kleinen Coffeeshop in einer Seitengasse und kaufte mir ein Gramm schwarzen Afghanen. Ich packte meinen iPod aus und hörte stundenlang quer durch meine Playlists und suchte nach gemeinsamen Elementen zwischen Roots-Reggae, französischem Straßenrap und Dirty South.

Mit diesen Eindrücken reiste ich nach Berlin zurück und kombinierte die Stilrichtungen. Ich nahm Reggae-Samples, unterlegte sie mit Dirty-South-Drums und 808-Bässen und spielte dazu düstere Streicher und Synthies ein – und es klappte perfekt. Ich hatte etwas Neues erfunden. Eine Mischung zwischen Reggae und Hiphop. Ich hatte dafür keinen Namen und wusste nicht, ob es jemandem gefallen würde, aber ich hatte so etwas zuvor noch nicht gehört. Ich fühlte mich wie ein Erfinder. Es klang nach Zukunft. Ich konnte es kaum erwarten, das Album auf den Markt zu bringen. Diesmal zuhause bei Beatlefield Records. Allerdings war das Label noch im selben Zustand wie vor sechs Monaten – nämlich in gar keinem. Hamadi vertröstete mich, Chakuza machte mir alle zwei Wochen Hoffnungen, die sich dann aber wieder in Luft auflösten. Dieses Auf und Ab war sehr demotivierend. Im Februar nannten sie mir endlich mein Release-Datum, mit professionellem Fotoshooting und Videodreh – ich telefonierte stundenlang mit Serena und rauchte vor Aufregung eine Zigarette nach der anderen.

Am nächsten Morgen nach der Release-Information rief ich Hamadi an, um zu fragen, wie alles weitergeht.

„*Yo, Hamadi, wollte nur noch mal nachfragen, wie denn der Promoplan aussieht, wann das Shooting ist, und – naja – was ihr euch so grundsätzlich an Marketing vorgestellt habt?*“, fragte ich interessiert.

„*RAF, Bruder, bitte. Konzentrier dich einfach auf die Musik. Wir kümmern uns um den Rest. Das wird schon alles geil*“, antwortete Hamadi kurz und knapp und beendete das Gespräch.

Ich war irritiert. Vertrauen in andere, wenn es um meine Karriere ging, war leider nicht Teil meiner DNA.

Ich konnte kaum stillhalten, schmiedete Pläne, schrieb Videokonzepte und skizzierte Fotoideen. Ich wollte keine Sekunde verlieren. Schließlich sollte „Nächster Stopp Zukunft“, so der Name meines nächsten Albums, alles verändern, was bislang auf dem Markt war. Meinen Reggae-Hiphop würde jeder feiern.

Tage vergingen, Wochen vergingen. Ich hörte weder von Hamadi noch von Chakuza oder Stickle ein Wort. Irgendwann realisierte ich, dass es jetzt auch schon mit der Pressung der CDs bis zum Release-Datum knapp werden würde, und ich fuhr in die Luckauer Straße und stellte Hamadi zur Rede. Er speiste mich ab und schob die Verantwortung auf andere. Doch diesmal ließ ich nicht locker. Er sagte mir nur, dass es mir ja egal sein könnte, ob das Album im März oder im Juni erscheinen würde. Ich hätte ja keinen Stress. Diese Antwort ließ mich innerlich explodieren. All die Euphorie und die Arbeit vergebens. All die Versprechungen. Alles nur Worthülsen, ohne Inhalt. Die Wahrheit war – keiner konnte mir sagen, wann es kommt.

Ich überlegte, was ich nun für Optionen hatte: mich fügen oder zum Beispiel das Album bei D-Bo rausbringen. Doch ich wusste, dass er es wieder ohne Budget auf den Markt gebracht hätte. Keine Option, nicht für meine neue Musik.

Es blieb mir also nichts anderes übrig, als zu warten und zu hoffen – ein deprimierendes Gefühl. Jeden Tag flimmerten Videos von neuen deutschen Rappern durchs Internet, die nicht halb so hungrig waren wie ich. Nur ich musste auf der Ersatzbank warten. Als Ende Mai keine Meldungen von Beatlefield Records kamen, begrub ich das Projekt innerlich.

Währenddessen hatte mein alter Weggefährte Nazar in Wien einen anderen Weg entwickelt, an die Dinge heranzugehen. Er ging mit dem Kopf durch die Wand und nahm sich alles, von dem er dachte, dass es ihm zusteht. Er hatte zwei Alben auf dem Markt und beide auf verschiedenen Labels released. Er verstand überhaupt nicht, weshalb ich mir so viel Zeit ließ.

Um die Zeit sinnvoll zu nutzen, hatte er eine Idee. *„RAF, lass uns doch ein Kollabo-Album machen. Du kümmerst dich um die Musik und alles, ich regel das Geschäftliche und kümmere mich um das Artwork."* Die Idee begeisterte mich nur zu 50 %. Ich wollte eigentlich meinen neuen Hiphop-Reggae-Stil etablieren.

„Ich bin dabei", antwortete ich trotzdem am Ende des Gesprächs. Denn Stillstand war der Tod.

Auf einer Barcelona-Reise kam mir im Halbschlaf die Idee für den gemeinsamen Albumtitel: „Artkore" sollte es heißen. Im November 2009 trafen wir uns in Berlin, um es in drei Wochen aufzunehmen – ein verrücktes Vorhaben. Aber wir waren beide Arbeitstiere. Als wir um sechs Uhr morgens gemeinsam aus Wien in Berlin ankamen, legten wir uns nicht schlafen, sondern fuhren direkt ins Studio. Es wurden drei Wochen, die uns körperlich und seelisch an die Grenzen brachten. Wir wurden beide krank und standen mit 39 Grad Fieber in der Booth, um zu recorden. Doch der Kampf zahlte sich aus. „Artkore" wurde mein erster kleiner Hype – zumindest in Österreich. Ich las meinen Namen zum ersten Mal in den offiziellen Charts – Nazar & RAF Camora landeten auf Platz 33.

In der Zwischenzeit hatte mich Beatlefield mit „Nächster Stopp Zukunft" erneut versetzt, und letztendlich ging ich frustriert zu D-Bo und gab ihm das Album für die Veröffentlichung bei Wolfpack. Wie schon prophezeit, ohne jeglichen Marketingeinsatz.

Dieses Album ist für mich der Beweis, dass auch die beste Musik durch schlechtes Marketing zerstört werden kann. Ich hatte es komplett selbst produziert, gemischt und aufgenommen. Nur leider war ich der Einzige, der sich wirklich darum gekümmert hatte. Bis heute bedauere ich es zutiefst. Für mich ist es eines der besten Alben, das ich je gemacht habe. Ein Grundstein für alles, was später einmal „Palmen aus Plastik“ werden sollte.

Aber auch wenn der große Erfolg ausblieb, hörten offenbar viele andere Musiker und Rapper meine beiden Alben – und plötzlich wollten viele mit mir arbeiten. Ich hatte zum Beispiel Vocal-Effekte entwickelt, die auf „Artkore“ markant eingesetzt wurden. Viele Berliner Artists kamen nun in mein Studio.

Unter anderem auch Silla, inzwischen nicht mehr bei Aggro und nicht mehr bei Fler.

Auf meinem Studiorechner lag der Song „Jeder Tag“ herum. Meine musikalischen Experimente waren fortgeschritten, und ich wollte deutschen Dancehall cool machen. Silla war komplett auf der Hook von „Jeder Tag“ hängengeblieben. Da ich zu der Zeit keine Ahnung hatte, wo ich den Song releasen sollte, und Silla weitaus bekannter als ich war, bot ich ihm an, meine Parts zu löschen und ihm die Hook und den Beat zu überlassen. Er rappte zwei Parts ein, und der Song war fertig.

Unglaublich, dass daraus mein erster Hit wurde. Zwar nicht im kommerziellen Sinn, aber laut „Bravo" war es der Sommersong 2010, und er wurde später zu einem Highlight auf meinen Konzerten und auch auf denen von Silla.

Er knackte ziemlich schnell die 3-Millionen-Klicks-Rate auf YouTube, was für damalige Zeiten gigantisch war. Ich hatte das erste Plateau meiner Karriere erreicht und wollte nun weiter. Ich fühlte mich nicht mehr wohl in der Ecke, in die ich durch „Artkore" gedrängt worden war. Ich wollte zeigen, dass ich musikalisch viel mehr drauf hatte, als nur zu „rappen". Ich wollte mich als Künstler weiterentwickeln. Das war auch für das Business wichtig. Ich kannte die Rap-Szene. Ich wusste, dass alle paar Jahre ein großer Machtwechsel kam – 2003 vertrieb Bushido den kompletten alternativen Rap aus der Musiklandschaft.

So ein Wechsel stand wieder an.

Es war wieder Zeit für ein großes Rapper-Sterben. Denn 2011 stand eine neue Generation bereit. Casper, Marteria und Motrip brachten einen neuen Stil, und mit Cro war ein Auserwählter gefunden, der die Musiklandschaft umwerfen würde. RAF Camora war zu klein, um die nächste große Hype-Welle zu überleben.

Ich hatte definitiv das Talent. Ich wollte mich öffnen und mein Potenzial voll ausschöpfen und die Einengung, die die Fokussierung auf Straßenrap mit sich brachte, lösen.

Ein Neubeginn bringt Kraft, wenn er auch durchgezogen wird. Ich wollte stärker werden und eine größere Masse ansprechen. Ich wollte ein neues musikalisches Projekt starten. Ich las mich in das Thema ein und lernte, wie große Marken diesen Schritt gesetzt hatten und was ihre Erkenntnisse daraus waren. Die Strategie der Schokoladenfabrik „Ritter Sport" gefiel mir am besten. Sie entfernten das „Sport" und bemerkten im Nachhinein, dass die Dachmarke „Ritter" das Image weiterhin transportieren konnte und kein negativer Effekt für die Kunden entstand. Das RAF sollte bleiben. Der neue Beiname sollte sich dem Hauptnamen unterstellen. So wurde aus RAF Camora: RAF 3.0.

Neben den paar Rappern und Hugo Bass hatte ich eigentlich in Berlin nur einen relativ kleinen Kreis kennengelernt. Das änderte sich an dem Tag, als mich Hamudi über Facebook anschrieb.

Er wurde zu meinem besten Freund und seine Familie zu meiner. Wir haben uns sofort verstanden. Ich lernte seine Brüder und Cousins kennen. Ich wurde zum Essen eingeladen. Sie teilten alles mit mir.

Ich fragte eines Tages Hamudi und seinen Cousin Bilal: *„Wie viele Leute seid ihr eigentlich in Berlin?"*

Über 2.000 Menschen. Hamudi erklärte mir, dass er außerhalb seiner Familie neben mir eigentlich keine Freunde hatte und bräuchte, weil er so viele Verwandte hat. Ich kannte mich in dieser Mentalität aus. Es war dieselbe, die ich von der Familie meiner Mutter aus Süditalien kannte. Hamudi, Mudi, Momo, Wassif und ihre Brüder wurden zu meiner neuen Familie.

Wenn ich an Wien denke, dann denke ich an meine Familie und meine Ekipa. Wenn ich an Berlin denke, dann an Hamudi und seine Brüder. Durch seine Freundschaft lernte ich, Berlin als meine Heimat anzusehen. Denn seine Familie nahm mich wie einen weiteren Bruder auf. Ich vertraue ihnen bis aufs Blut.

Ich nahm Hamudi vor einigen Jahren mit nach Italien. Er lernte auch meine Familie kennen. Uns verbindet bis heute eine enge Freundschaft.

Hamudis Bruder Wassif arbeitete bei verschiedenen Musiklabels und hatte mit Prinz Pi eine Künstleragentur namens 50/50 gegründet. Als ich den beiden meine RAF-3.0-Songs vorspielte, hatte Pi direkt eine Vision dazu und bot mir an, bei ihrer Managementfirma zu unterschreiben. Ihr dritter Mann war derjenige, der in Zukunft für meine Karriere der wichtigste Mensch werden sollte: Ronny Boldt.

KAPITEL 10:
RДF 3.Θ

Ronny war ein Arbeiter aus Rostock. Er kam kurz nach der Wende nach Berlin, um dort das erste Hiphop-Büro zu betreiben. Ronny sieht nicht aus wie ein Typ aus dem Rap-Business. Ronny trägt eine unauffällige Frisur, eine runde Brille und hat den Look eines Bankers oder eines Direktors einer Werbeagentur.

Er kümmerte sich allerdings schon in den 90er-Jahren um alles, was in der frühen Hiphop- und Gangster-Rap-Szene Rang und Namen hatte: DJ Tomekk, Specialists und andere. Da man damals noch nichts mit der Musik verdienen konnte, hatte er zusätzlich drei Jobs, um sich sein Managementbüro überhaupt zu finanzieren. Ronny war zwar nur zehn Jahre älter als ich, doch er hatte mindestens 20 Jahre mehr Erfahrung im Business als ich. Endlich hatte ich meinen Mentor gefunden.

Kurz nach dem ersten Treffen mit Ronny erlebte ich meine erste Blamage. Eines meiner Videos war bei Viva in der Selektion. Es wurden um sieben Uhr in der Früh Newcomer-Videos gespielt. Ich versuchte meine Fans zu mobilisieren, damit sie per Telefon für mein Video voten. Ich hatte den Abend zuvor meine Community auf Trab gehalten und mindestens zehn Mal erwähnt, welcher Lebenstraum sich für mich erfüllen würde, wenn mein Song bei Viva laufen würde. Doch mein Video wurde nicht einmal zum Voting vorgeschlagen. Sogar meine Fans machten sich über mich lustig.

Ich wollte im Erdboden versinken. Irgendein Redakteur hatte es aus der Auswahl genommen und ersetzt. Ich brannte und war bereit, mit ein paar Leuten zu Viva zu fahren, um dort Stress zu machen. Doch Ronny lehrte mich aus dieser Blamage heraus eine der wohl wichtigsten Lektionen im Business:

Niemals emotional werden.

Nichts an sich heranlassen.

Zu keinem Zeitpunkt.

Ich musste diese Niederlage schlucken, verdrängen, vergessen. Sonst würde ich mir selbst alle Türen verschließen, bevor sie überhaupt offen sind.

Zurück zum Thema: Dieses Rebranding zu RAF 3.0 war wie der Umzug nach Berlin ein großes Wagnis. Die Chancen standen 50:50, ob es die Leute annehmen oder nicht. Sogar eher 70:30 gegen mich. Es war eine neue Musikrichtung, ein neuer Name – ziemlich viel für Fans von Straßenrap. Eigentlich sprach alles gegen mich. Ich versuchte es trotzdem.

In den folgenden 18 Monaten arbeitete ich mit dem Produzenten KD Supier in Malaga und Berlin an meinem RAF-3.0-Album. Die Zeit raste nur so an mir vorbei.

Vor der ersten Videopremiere von RAF 3.0 war ich nervös. Menschen denken, dass solche Premieren und Release-Daten einem Künstler ziemlich egal sind, aber das stimmt nicht. Meine Nervosität steigerte sich in den Tagen zuvor ins Unermessliche. Nichts auf der Welt war wichtiger als die Premiere meines ersten Videos als RAF 3.0 auf 16 Bars. Zum Zeitpunkt der Single-Release saß ich im Flieger. Ich konnte keine Sekunde still sitzen. Ich wollte endlich landen, die Kommentare lesen und sehen, ob mein Stunt funktioniert hatte.

Als ich den Laptop endlich aufklappte und eine stabile Internetverbindung hatte, fiel mir ein Stein vom Herzen. Die Fans liebten 3.0. Es hatte funktioniert. Gott sei Dank. Jetzt war ich zu allem bereit.

Kurz darauf rief mich Wassif von der Künstleragentur an.

„RAF, Bruder, der Support-Act für die Tour von K.I.Z. ist ausgefallen. Hast du Bock, ihn zu ersetzen?“

Klar wollte ich. K.I.Z. füllte Hallen für 1.000 Menschen und hatten die Columbia-Halle in Berlin voll gemacht. Sie hatten gerade ein neues Album herausgebracht und wollten nun auf die „Urlaub für's Gehirn“-Tour.

„Auf jeden Fall! Wann beginnt denn die Tour?“, fragte ich ihn, auf meinen Kalender auf dem Handy schauend.

„20.00 Uhr. Heute Abend“, antwortete Wassif trocken.

Es war kein Scherz. Ich musste schlucken. Eine Tour mit der damals größten Live-Hiphop-Band des Landes.

„Kann ich denn einen DJ mitnehmen und einen Backup-Rapper?“, fragte ich ihn. *„Bruder, kein Platz. Auch nicht im Tourbus. DJ kann der Tour-DJ für dich machen. Du sitzt hinten bei den Technikern“*, antwortete Wassif leicht gequält. Ich zögerte mit meiner Antwort, die Leitung blieb still. Mein Hirn explodierte. Auf Tour mit der größten Live-Band vor Menschen, die mich nicht kennen, ohne eigenen DJ. Das wird doch ein Massaker.

„RAF, bist du ein Samurai oder nicht?“ Wassif kannte meinen wunden Punkt, und seine Worte trafen ins Ziel.

„Ich komme mit!“, antwortete ich ihm, denn so ein Angebot konnte ich nicht abschlagen.

„Topp, ich bestell dir Tour-Shirts, damit du zumindest ein bisschen Schnapp machst. Pro Tag kriegst du 20 EUR für die Verpflegung“, erklärte mir Wassif.

Die kommenden Tourwochen waren anstrengend. Die K.I.Z.-Rufe kamen meistens auch erst bei den letzten zwei meiner Songs, weil die Masse endlich die Band sehen wollte, für die sie Eintritt bezahlt hatte. Aber ich konnte mich zumindest vorstellen und nahm das in Kauf. Ich lernte auch, dass alles, was mir schwerfiel, mich persönlich weiterbrachte.

Aber es passierte etwas anderes auf dieser Tour, das mein Leben nachhaltiger verändern sollte als jede Bühnenerfahrung. Ich traf Anna. Sie war kein Fan, sondern hatte nur Freunde auf das Konzert in Köln begleitet. Blond, 1,70 groß, dunkelblaue Augen. Sie kam aus einem Dorf in Nordrhein-Westfalen. Wir unterhielten uns nach dem Konzert. Ich weiß nicht mehr, ob es ihre Bodenständigkeit, der direkte Humor oder ihre Ausstrahlung war, was mich dazu brachte, nach ihrer Nummer zu fragen. Sie schrieb sie mir auf ihr Konzertticket. Ich hoffte, dass wir uns eines Tages wiedersehen, und spielte die restlichen Termine der Tour.

Nach der Tour spürte ich einen gewissen Druck. Die Leute warteten auf 3.0. Und je mehr sie darauf scharf waren, desto mehr stieg die Anspannung in mir. Der Release war ein Erfolg. Es war mein erster Durchbruch. Ich stieg direkt in die Top 10 der Album-Charts ein. Genauer gesagt, auf Platz 7, und katapultierte mich mit 20.000 verkauften Platten in die obere Liga der deutschen Rap-Szene. Ich hatte mich selbst neu erfunden und damit das Rapper-Sterben überlebt. Die „Juice“ erschien mit dem Titel „Leaders of the New School“, und auf diesem Cover waren Haftbefehl, Motrip, Cro und RAF 3.0. Ich war dort, wo ich hinwollte.

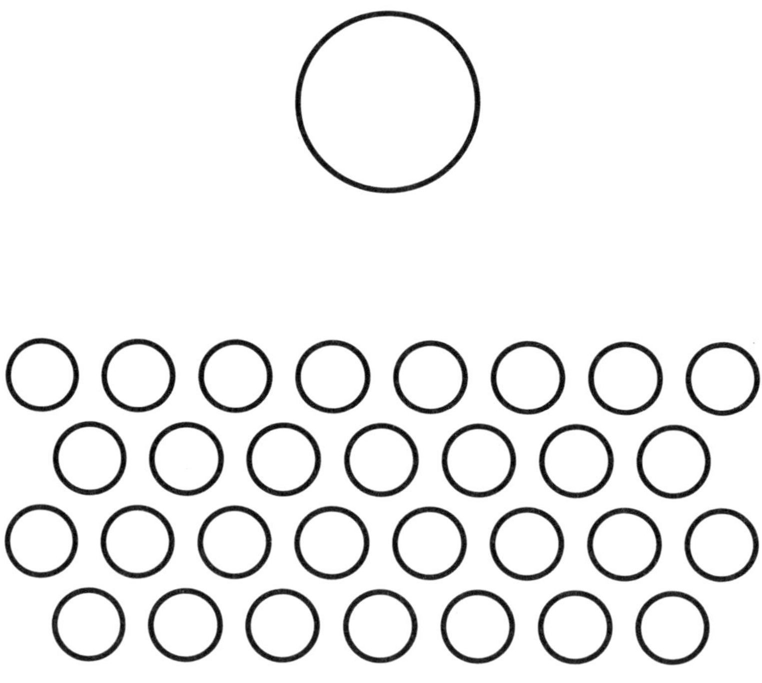

KAPITEL 11:

INDIPENDENZA

Meine Karriere hat mich eines gelehrt: Dinge werden komplizierter, je größer die Möglichkeiten sind. Es ist wie bei einem Restaurantbesuch. Wenn ich mit viel Glück noch den letzten Tisch in einem begehrten Laden ergatttere, freue ich mich. Ganz egal, ob der Tisch direkt neben den Toiletten oder an der Türe ist. Buche ich den Tisch aber rechtzeitig oder werde ich gar vom Besitzer eingeladen, wird es schwierig, weil viel mehr Plätze zur Verfügung stehen. Unzufriedenheit stellt sich ein. Will ich näher ans Fenster oder stören mich dort die Geräusche aus der Küche?

Dieses Problem begann ab 2012 in mir zu wirken. RAF 3.0 war sehr erfolgreich gewesen, und mit meinem eigenen Sound zwischen Reggae und Trap hatte ich mich selbst neu erfunden. Paul NZA, einer der erfolgreichsten Produzenten Deutschlands, hatte mir den Ritterschlag verpasst. „Ich hab deine Sachen gehört – unfassbar. Mach einfach ganz genauso weiter. Bewege dich keinen Zentimeter nach links oder nach rechts." Blöd nur, dass ich in den kommenden Jahren genau das Gegenteil machen würde.

Mein Körper zeigte mir aber wieder, wie sehr der Stress der vergangenen Monate seine Krallen in mich gebohrt hatte. Erst wenn sich die Umklammerung löst, werden die Wunden sichtbar. So war das auch bei mir. Die Tour mit K.I.Z. hatte mir einen doppelten Bandscheibenvorfall eingebracht. Ich hatte mich nach vielen Jahren von Serena getrennt, auch weil mir Anna nicht mehr aus dem Kopf ging. Ich telefonierte immer mal wieder sporadisch mit ihr, und ihre Art, mir zuzuhören und kluge Fragen zu stellen, fühlten sich gut an. Sie spürte, dass mich etwas Toxisches belastete, und half mir, eine Freundschaft zu beenden, die keine mehr war. Dies raubte mir allerdings meine letzten Kräfte. Berlin erdrückte mich, und ich brauchte eine Auszeit.

Auch im Hintergrund bewegte sich meine Welt in eine neue Richtung. Meine Management-Agentur 50/50 hatte mir Ronny als Manager zugeteilt. Er wollte aber nicht mehr bei 50/50 bleiben, sondern sich auf Konzerte und Bookings konzentrieren. Das machte mir zusätzlich Sorgen. Ich vertraute ihm, und er war der erste Manager, bei dem ich nicht das Gefühl hatte, dass ich ihm Druck machen musste, sondern Ronny machte mir positiven Druck. Er stellte mich vor vollendete Tatsachen. Ich redete offen mit Wassif und Prinz Pi, den Chefs von 50/50, über meinen Wunsch, mit Ronny weiterhin zu arbeiten.

Sie respektierten meine Entscheidung, und ich schlug Ronny vor, ein eigenes Label zu gründen.

Hälfte, Hälfte.

Von diesem Schritt hatte ich geträumt. In diesen Träumen hatte mein Label immer den Namen: Indipendenza. Und so wurde am 13.01.2013 mein Label ins Handelsregister eingetragen. Das erste Signing war ich selbst. Das zweite galt meinem alten Freund Joshi aus Wien, der nun unter dem Namen Joshi Mizu rappte.

Was mich an Ronny am meisten begeisterte: Er war verdammt schnell von Begriff. Alle anderen Manager, mit denen ich vor Ronny zusammengearbeitet hatte, waren mir viel zu langsam.

Wenn ich von einer Idee elektrisiert war, reagierten sie oft erst Wochen später, sodass das Feuer wieder erlosch. Oder sie waren wie nasse Streichhölzer, die es unmöglich machten, dass eine Flamme überhaupt zustande kam. Ronny war anders.

Er hatte denselben Drive. Ronny arbeitete zuverlässig und hatte dazu genügend PS, um uns schnell geschäftlich weiterzubringen. Er setzte mir die Deadlines so knapp, dass ich gar nicht wusste, wie ich alles in so kurzer Zeit schaffen sollte, aber er hatte seine Gründe: Festivals, Radiotermine und Tourneen. Ronny plante meinen Durchbruch mit der Präzision eines Schweizer Uhrwerks.

Für ihn wurde es genauso wichtig wie für mich, dass RAF Camora (oder RAF 3.0) den Rap-Olymp bald erklimmen würde. Das wiederum verstärkte auch meinen Druck, abzuliefern, weil ich es jetzt nicht nur mir, sondern auch Ronny beweisen wollte, dass ich seinen Erwartungen gerecht werde.

Währenddessen hatte Gangster-Rap seinen Tiefpunkt erreicht. Er lag praktisch tot auf dem Gehsteig und wartete auf den Gnadenschuss.

Überall schossen Hipster-Rapper aus dem Boden. Die Anführer der Bewegung waren – gewollt oder ungewollt – Cro, Casper und Marteria. Sie vereinte eine Eigenschaft: Sie waren alles, nur nicht bedrohlich.

Für die Industrie war das eine ideale Wendung. Sie hatte nach zehn Jahren die Nase voll von Straßenjungs. Die Radios konnten endlich Songs ohne Mutterfickerei spielen. Die Labels waren glücklich, weil sie nicht mehr mit Hintermännern Verträge aushandeln mussten, die später nicht eingehalten wurden.

Die ganze Rap-Branche wurde zu einer glücklichen Familie mit runden Brillen, Röhrenjeans und Jutebeutel über der Schulter. Alle hatten sich plötzlich lieb. Ich zog daraus meine eigenen Schlüsse. Ich fokussierte mich verstärkt auf das nächste 3.0-Album. Es sollte poppig klingen, um den neuen Trends gerecht zu werden. Ich wollte RAF 3.0 auf das nächste Level bringen, um mit Marteria und Co. mitzuhalten.

Das war nicht unbedingt einfach, denn ganz verstellen wollte ich mich nicht: Den Radio-Promotern war es immer noch viel zu sehr „Straße“. Egal, was ich auch versuchte. Ich bügelte meinen Akzent, verzichtete auf harte Worte.

„Indipendenza“ stand gehörig unter Zugzwang. Ronny gab mir eine unmögliche Deadline für die Trackliste für „RAF 3.0 – Hoch 2“. Aber wie sollte ich ihm sie geben, ohne zu wissen, welche Songs es überhaupt werden? Also erfand ich einfach Songtitel, ohne die dazugehörigen Texte zu haben. Das war ein Schuss ins Knie. Ich musste mir in der Folge Texte für Titel einfallen lassen, zu denen es keine Idee gab.

Ich reiste nach Amsterdam, um auf Ideen zu kommen, und zerbrach mir den Kopf darüber, wie ich die leeren Titel mit Leben füllen sollte. Ich schaffte es zwar, den Songs mit meinen Texten Leben einzuhauchen, die zum Titel passten, aber richtig zufrieden war ich nicht. Die Produktion des Albums flog an mir vorüber. Ich hatte ein dumpfes Gefühl im Magen. Aber Ronny glaubte an den Erfolg. Viel stärker als ich selbst.

Als im Sommer 2013 das Album „RAF 3.0 – Hoch 2“ erschien, war es offiziell betrachtet der absolute Höhepunkt meiner Karriere. Denn es landete auf Platz 1 in den deutschen Albumcharts. Ein Erfolg auf dem Papier. Menschen klopften mir auf die Schulter, luden mich in Restaurants ein und prosteten mir aus der Ferne zu. Ich war ein Popstar mit einem Nummer-eins-Album. Aber ich konnte kein Lob akzeptieren. Denn ich stand nicht wirklich hinter dem Produkt.

Die Industrie und die Konkurrenz hatten dieses Album geformt, ich hatte es nach ihren Vorstellungen mit Leben gefüllt. Mit den Erwartungen, dem Trend gerecht zu werden. Und wenn wir mal ehrlich sind: Die 1 hatte ich auch deshalb geknackt, weil ich eine leichte Chart-Woche erwischt hatte. Ein einziger Lichtblick war, dass ich dachte, zuhause in Österreich endlich die Aufmerksamkeit dafür zu bekommen, die ich für meine Arbeit in Deutschland auch verdient hatte.

Seit Falco hatte es keinen Künstler mehr gegeben, der es mit seinem Album auf Platz 1 in Deutschland geschafft hatte. Doch die Medien und die Musikwelt der alten Garde ignorierten meinen Erfolg weiter. Bis auf ein paar Online-Beiträge schien es niemanden in Wien zu interessieren, ob ich mir in Berlin Mühe gab oder auf die schiefe Bahn geriet. Ich war ihnen scheißegal. Kein Magazin wollte eine Story über den Charts-Stürmer aus Fünfhaus bringen. Das riss in mir alte Wunden auf. Die Wiener Ignoranz stank bis nach Berlin. Ich sah die Bilder des EMI-Signings nachts wieder vor mir. Die schmierigen Hemdenträger, die keine Ahnung von gar nichts hatten.

Die geleckten Typen, die naserümpfend auf mich und meine Jungs herabgeblickt hatten. Ich wälzte mich durch die Nacht und konnte wieder kaum schlafen. Die Gedanken an meine Rache, an meine Vendetta, hielten mich wach. Diesen Menschen wollte ich es zeigen – spätestens bei meiner 3.0-Tour. Meine erste als Headliner, nicht in kleinen Venues, sondern in den großen Hallen mit Kapazitäten für 1.000 und mehr Zuschauer. Kein Minibus mit Matratze auf der Ladefläche, sondern ein echter Band-Nightliner. Tatsächlich schafften wir es.

Wir hatten einen Doppeldecker, jeder hatte seine eigene Kabine, eine kleine Küche. Jeder in meiner Crew fühlte sich wie ein richtiger Star. Kein selbstgebasteltes Neonzeug mehr als Bühnendeko, sondern Lichttechniker, Sound-Leute und sogar einen eigenen Schlagzeuger nahmen wir mit auf Tour. Ich wollte bei einigen Liedern Gitarre oder Bass spielen. Ich wollte meinen Fans die Ehre erweisen und ihnen alles bieten. Ich schwankte zwischen Euphorie und Nervosität.

Ronny sprach von nichts anderem. Er motivierte mich bis in die Haarspitzen, wischte meine Zweifel weg und stärkte mir den Rücken. Anna holte mich spät nachts zurück ins Bett, wenn ich tief in Gedanken versunken meine Runden durch die Wohnung drehte. Doch so sehr mich mein Umfeld unterstützte, blieb dennoch ein komisches Gefühl zurück. Irgendetwas passte nicht. Und meine Sorgen und meine Vorsicht sollten am Ende Recht behalten.

Die Vorverkäufe liefen in den Wochen vor Tourbeginn schleppend. Nicht einmal 20 Prozent der Karten wurden verkauft. Die aufmunternden Sprüche wurden langsam weniger. Auch Ronny bekam Sorgenfalten auf der Stirn.

Ein paar Tage vor Tourstart lagen alle Hoffnungen auf der Abendkasse. Ich hörte alle möglichen Ausflüchte und Erklärungen. „Geändertes Medien- und Konsumverhalten", „Spontankäufe" und so weiter.

Es half alles nichts.

Als in der ersten Location der Vorhang fiel, mussten ich und die Leute hinter mir der Wahrheit ins Auge sehen. Die Halle war leer. Vor der Bühne tummelten sich zwei Reihen an loyalen Fans, die mich halb bewunderten, halb bemitleideten. Ich war wie ein Fischer, der versuchte, aus einem Swimmingpool einen großen Fisch an Land zu ziehen. Oder ein Maler, dessen Bilder am Flohmarkt wegen der schicken Rahmen verkauft werden.

Es war eine einzige Erniedrigung.

Ich zog meine bombastische Michael-Jackson-Show für 50 Menschen ab, die in den riesigen, leeren Hallen Frisbee hätten spielen können. Ich trank vor jeder Show und versuchte, auf der Bühne die Augen so lange wie möglich geschlossen zu halten.

Nur durchziehen und hoffen, dass es schnell vorbei ist. Ich schämte mich, dass diese Handvoll Fans Geld bezahlt hatten. Am liebsten hätte ich jedem von ihnen einen Fünfziger nach der Show in die Hand gedrückt, wenn ich es gehabt hätte. Nach einem dieser vernichtenden Abende rief ich Ronny an, um zu fragen, wie viel Geld wir mit der Tour verdienen. Zumindest finanziell sollte es sich für mich rechnen.

„Wir zahlen jeden Tag drauf, RAF", schnaufte Ronny ins Telefon.

Ich hatte es geahnt. Nur die Dimensionen waren mir nicht bewusst.

„Fuck. OK, was denkst du, wo wir am Ende stehen?", fragte ich ihn, ohne die Antwort eigentlich hören zu wollen.

Ronny verstummte für ein paar Sekunden und tippte auf seinem iPhone-Rechner herum.

„Also, insgesamt werden wir wohl auf Rechnungen von irgendwas zwischen 20.000 und 30.000 Euro sitzenbleiben. Klar ist scheiße, aber ist jetzt halt so. Zieh du die Tour jetzt weiter durch, sonst verlieren wir noch mehr", antwortete Ronny pragmatisch.

Ich legte auf und wollte auf der Stelle im Boden versinken.
Was für ein Albtraum.

Ich hatte ein beschissenes Album abgeliefert, hatte versucht, mich an der Industrie und den Trends zu orientieren, und mich von der Charts-Welt beeindrucken lassen. Für diesen Hochmut zahlte ich jetzt die Rechnung – im wahrsten Sinne des Wortes.

KAPITEL 12:

DIE WINDMÜHLE

Als die drei Wochen Tour endlich vorbei waren, fiel ich – zurück in Berlin – in ein Loch. Ich lag neben Anna in der Erdgeschosswohnung und sah mir auf Google Fotos von RAF 3.0 an. Ich begann zu hassen, was ich da sah. Dieser glatte Typ, mit Gitarre und Army-Jacke. So lief ich doch nicht rum. Und dieser Selbsthass wurde noch schlimmer, wenn ich in den Spiegel sah und mich genau dieser Typ ansah.

Nicht nur in mir tobte ein Krieg, auch die Industrie begann mich nach dieser Tour wie eine heiße Kartoffel fallen zu lassen.

Sogar Künstler aus meinem eigenen Stall hatten plötzlich einen höheren Marktwert als ich selbst.

Sierra Kidd war mit seinen 17 Jahren sehr jung und sehr talentiert. Wir hatten ihn unter Vertrag genommen, und er überholte jetzt mich, seinen Mentor.

Eines Morgens starrte ich an die Decke, alles war grau. Anna lag neben mir. Sie sah mich an und sagte: *„Komm, RAF. Du musst hier mal raus. Fahren wir raus aufs Land zu meiner Familie.“*

Wir fuhren quer durch Deutschland an die Grenze zu Holland. Ihre Eltern empfingen mich freundlich und begannen die vielen Tattoos und meine Vergangenheit zu akzeptieren und setzten sich mit mir auseinander. Wir saßen zusammen und redeten über Gott und die Welt. Annas Vater schlug einen Ausflug vor. Nach einem kurzen Spaziergang über einen Feldweg kamen wir bei einer Windmühle an. Annas Vater kramte einen Schlüssel hervor und öffnete die Tür. *„Jetzt wirst du den größten Schatz unserer Familie kennenlernen“*, sagte er.

Wir betraten die Windmühle. Annas Vater führte mich durch den runden Raum, als wäre es die Donnerkuppel des Vatikans. An den Wänden hingen Urkunden seiner Vorfahren, Mitglieder der Gilde, die diese Windmühle für Jahrhunderte betrieben hatten.

Unter uns quietschte der Boden bei jedem Schritt. Er war stolz auf dieses Vermächtnis. Für ihn war die Mühle sein Rückzugsort, das Erbe seiner Familie und der innerste Schatz. Neben den Menschen, die ihn umgaben, war diese Windmühle der Mittelpunkt seines Lebens. Es war Vergangenheit, Gegenwart und Zukunft in einem.

Die Erkenntnis, dass 100 Kilometer weiter diese Windmühle keiner kannte, öffnete mir die Augen. Wahren Wert bestimmt man selbst. Die Außenwelt benennt nur den Preis.

Ich war tief inspiriert von dem Glanz in seinen Augen, als er mir von der Gilde seiner Vorfahren erzählte. So etwas wollte ich für uns auch erschaffen. Irgendwo sollte ein Ort entstehen, der mit Geld nicht zu kaufen war und nur für uns einen Wert besaß.

Anna und ich waren spazieren, als mein Handy klingelte. Ich hörte Ronnys trockene Stimme, ungewohnt euphorisch. Er hatte erfahren, dass ich für den „Echo" nominiert war. Mein Herz klopfte. Ich wollte so schnell wie möglich wieder zurück nach Berlin.

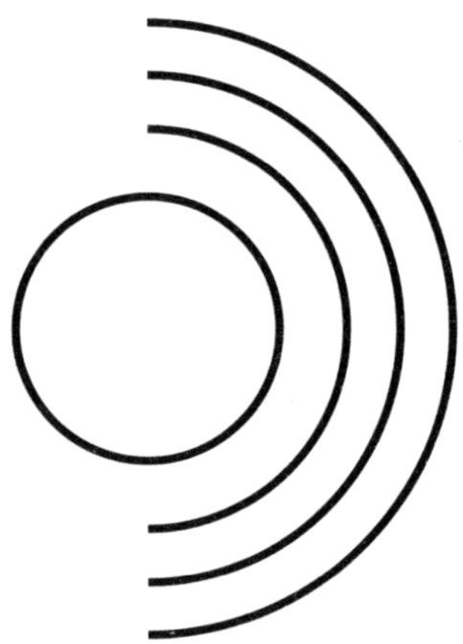

KAPITEL 13:

ECHO

„Im Fachjargon
besteht ne Goldplatte aus Pappkarton."
(Was ich will – RAF Camora)

Das Leben ist unberechenbar und willkürlich. Ich hatte Erfolge, die keine Erfolge waren, und wurde trotzdem für den „Echo" nominiert. Die Nachricht holte mich wieder ins Licht zurück. Vielleicht hatten all die Niederlagen am Ende ja etwas Gutes in sich. Vor meinem inneren Auge las ich die Schlagzeilen in den österreichischen Medien. Ich sah den Stolz im Gesicht meiner Eltern. Ich sah das ungläubige Staunen derer, die nur auf mein Scheitern gewartet hatten. Ich verbreitete meine Nominierung – neben Bushido, Cro, Casper und Chakuza – im Internet. In Wahrheit ging die Botschaft aber eher an mich selbst: Ich bin wieder im Spiel!

Auch mit Chakuza traf ich mich wieder regelmäßig. Wir hatten uns etwas aus den Augen verloren, aber unsere Freundschaft war ungebrochen. Wir dachten wieder laut über ein gemeinsames Mixtape nach. Ich spürte Kreativität und Elan in mir. Ich wollte etwas reißen. Mein Telefon klingelte wieder. Was bedeutete, dass sich Menschen Mühe gaben, sich meine Nummer zu besorgen.

Am Tag der „Echo"-Verleihung packte ich mich in meine besten schwarzen Sachen, aber machte mich auch nicht zu schick. Niemand sollte merken, dass ich mich auf den Abend vorbereitet hatte. Ich erkundigte mich bei Ronny, wie so eine Verleihung üblicherweise abläuft und was ich dort zu tun hatte. *„Du gehst über den roten Teppich und amüsierst dich"*, sagte er. Ich wusste nicht, was ich dort zu suchen hatte. Ich ging schnell an den Z-Promis vorbei, die sich wie Insekten um die Fotografen scharten, um in irgendein Magazin zu kommen. Gefaktes Lachen, gefakter Spaß. Leute, denen es sichtlich unangenehm war, einander über den Weg zu laufen, umarmten sich, um dann gezwungenen Smalltalk zu führen. Diese Energie füllte den Raum. Ich konnte dieses Unwohlsein am ganzen Körper spüren. Diese angespannte Atmosphäre, das Abchecken, Tuscheln und Lächeln standen für alles, was ich an der Musikindustrie hasste.

Es war eine Welt aus Plastik. JEDER in dieser Blase schien es zu bemerken, aber alle spielten mit. Das tun sie bis heute. Drinnen wurden uns unsere Plätze zugeteilt. Der Saal schien magnetisch aufgeladen zu sein. Die bekannten Künstler waren wie Planeten, um die sich die Gesellschaft scharte. Immer, wenn jemand durch die Türen den großen Raum betrat, schwirrten die Leute hin, als wollten sie etwas von deren Ruhm ernten. Ronny tat sein Bestes, mich den Industrieleuten vorzustellen. Er tat es mit voller Überzeugung. Doch ich war kein Planet. Noch nicht. Ich war eher ein Asteroid, der planlos durch den Saal irrte.

Die Show begann.

Die Stimmung im Saal änderte sich. Die gelackten Gespräche waren verstummt, und das Showbusiness zeigte, was es kann. Mit einer bombastischen Lichtershow und donnernder Orchestermusik schwebte Helene Fischer, die den Abend moderierte, an einem Drahtseil in den Saal.

Mir war klar, dass ich nicht gewinnen würde, aber ich malte mir zumindest den Moment aus, als Nominierter vorgestellt zu werden. Würden sie klatschen? Wahrscheinlich hatte kaum einer der Anwesenden von mir gehört. Ich dachte an meine Jungs in Wien. Wie sie ausflippen würden, wenn Helene Fischer die Karte aus dem Kuvert zieht und meinen Namen vorliest. Würden meine Mutter und meine Schwester mich im Fernsehen gut sehen?

Insgeheim freute ich mich wie ein kleines Kind auf den Moment. Denn es war schon ein großer Sieg für mich, überhaupt hier zu sein. Hier unter den ganzen „Stars" der deutschsprachigen Musik. Helene Fischer führte durch die Kategorien. Die Stunden schienen zu verfliegen: Bester Schlager, Bester Songwriter, Bester Techno, Bester Newcomer. Bei jedem neuen Genre schlug mein Herz um ein paar Takte schneller.

Gleich würde sie meinen Namen sagen.

Zuerst kam die Kategorie „Bester Hiphop national". Ich rutschte gespannt auf meinem Sessel hin und her. Gleich würde es so weit sein. Helene Fischer stellte die Nominierten vor: Kollegah, Farid Bang, Seeed, Max Herre, Cro und Xavas.

Jetzt müsste eigentlich „Bester Hiphop International" dran sein. In mir stieg Panik auf.

Wieso kündigte sie die Kategorie nicht an?

Die Show ging weiter mit „Echos" für die Toten Hosen und zog sich noch 45 Minuten. Dann war es vorbei.

Ich wechselte ein paar Blicke mit Ronny. Er saß ruhig und besonnen da. Dann fühlte ich nur noch Wut. Sie hatten die Kategorie einfach gestrichen. Ob das jetzt Politik zwischen „Echo" und den Labels war – keine Ahnung.

Für mich war es jedenfalls die pure Enttäuschung. Chakuza, der in der gleichen Kategorie nominiert worden war, wurde von seinem Manager mit ein paar Floskeln getröstet.

Er klopfte ihm auf die Schulter und verschwand auf die Aftershow-Party. Ronny bewies einmal mehr Charakter und sagte: *„Scheiß auf den Laden hier. Wir hauen ab und betrinken uns erst mal richtig. Danach geht es besser.“*

Es war eine eisige Nacht im Februar. Der Abend endete an irgendeinem Tresen in Charlottenburg. Wir saßen da in unseren schicken Klamotten, ertränkten die Wut und Enttäuschung in Whiskey – und es war gut so.

KAPITEL 14:

FRUST

Irgendwo auf einer Müllhalde in Brandenburg arbeitet ein Metallhäcksler seit Tagen durch. Seine Arme greifen in Metall und Plastik und zerlegen es in kleinteilige Portionen. Auf diesem Elektrofriedhof landen alte VHS-Kassetten, kaputte USB-Sticks. Oder die 15.000 Deluxe-CDs meines Albums „Zodiak" aus dem Jahr 2014.

Schwer zu beschreiben, wie sich das anfühlt. Ein Jahr Arbeit. Doch die GEMA-Beträge und Retouren zu bezahlen wäre teurer gewesen als die Vernichtung. Die Vorstellung, wie das Artwork, die Hüllen und die CDs zu einer nicht zu definierbaren Masse Schrott verschmelzen, hat mich sehr mitgenommen.

Chakuza, Joshi und ich wollten mit dem Mixtape „Zodiak" unsere Freundschaft und den Spaß am Rap wiederbeleben. Gemeinsam fuhren wir für die Produktion nach Trier und schrieben dort abgeschottet an ziemlich simplen Songs. Es war eher wie Freestyle.

Wir waren zufrieden, hatten Spaß und machten uns keine großen Gedanken über die Vermarktung. Es war uns auch nicht so wichtig. Ich hatte keine Ahnung mehr, für welche Musik ich eigentlich stand, und die Bilder der erfolglosen Tour hingen wie Nebel in meinem Kopf.

Chakuza war bei Four Music, dem Label der Fantastischen 4, unter Vertrag und hatte gerade sein bis dato erfolgreichstes Album „Magnolia" gedroppt. „Zodiak" sollte nur eine kleine Aufwärmrunde vor unseren nächsten Projekten sein. Kurz nach der Produktion von „Zodiak" mischten sich die A&Rs der Industrie ein. Sie wollten anhand unserer bisherigen Verkaufszahlen kalkulieren, wie viele Einheiten wir wohl verkaufen würden. 40.000 safe. RAF macht solo 20.000, Chakuza auch. Zusammen also locker 40. Sie taten das, was sie immer taten – sie sahen uns als ein Produkt und vergaßen, dass wir am Ende dafür geradestehen mussten.

Ich wollte mich eigentlich nur wieder sammeln und mir nicht schon wieder über Charts-Platzierungen und Rentabilität den Kopf zerbrechen. Doch die Zähne der Industrie bissen sich wieder an unserer Produktion fest.

„Jungs, wir wollen 40.000 verkaufen. Wir brauchen ein Video."

„Habt ihr was ohne Schimpfwörter. Wir wollen ein paar Nummern ins Radio bringen."

Ich spürte, dass sich alles erneut in die falsche Richtung bewegte. Leider sollte ich auch wieder Recht behalten.

„Zodiak" chartete auf Platz vier. Die Videos liefen miserabel, und die Szene fragte sich, was wir mit dem Album so genau vorhatten. 30.000 CDs wurden letztendlich produziert. Die Hälfte packten wir in Fan-Boxen, die andere Hälfte landete bei Media Markt. Gekauft wurde allerdings so gut wie nichts. Ronny rechnete mir vor, wie viel Geld wir mit „Zodiak" verloren hatten. Mir wurde schlecht. Indipendenza stand kurz vor dem Bankrott. Noch einen Rückschlag würden wir nicht verkraften können.

Ich hatte kurz zuvor mein ganzes Geld zusammengekratzt, um mir einen Kredit für meine erste Eigentumswohnung zu besorgen. Ich hatte den Traum von einem richtigen Zuhause in Berlin mit Anna, und wir machten uns daran, ihn uns zu erfüllen.

Obwohl es nicht einfach war, denn die Beziehung litt unter den Umständen. Wir redeten nur noch selten über etwas anderes als über meine Launen und meine Arbeit.

Zudem wurde ich 30, und wie bei jedem Italiener zeigten sich pünktlich die ersten grauen Haare. Ich spürte, wie mir die Zeit durch die Finger rann. Es drängte eine neue Generation Rapper in die YouTube-Charts und die Kopfhörer der Fans. Nimo aus Celo und Abdis Label sorgten für Welle. 187 wurde immer bekannter. Xatar und SSIO zerlegten die Branche mit „Alles oder nix". Kontra K hatte seinen Durchbruch mit der Wölfe-EP, und Genetikk setzten mit ihrem Debüt neue Maßstäbe. Ich saß zwischen den Stühlen und wusste nicht mehr, wer ich war. RAF Camora oder RAF 3.0? Und wer war Raphael Ragucci überhaupt noch? Über meiner Zukunft stand ein großes Fragezeichen. Ronny bezahlte meine Steuerschulden aus der eigenen Tasche, damit ich eine Sorge weniger hatte. Er wusste, dass nur die private Ruhe mir den nötigen Rückhalt geben würde, damit ich mich wieder nach vorne orientieren könnte. Aber ich war noch lange nicht so weit. Anstatt zu arbeiten, las ich Bücher über Mythologie und ging fünf Mal die Woche ins East-Side-Gym zum Thaiboxen. Ich trainierte, um nicht mehr an die Musik denken zu müssen.

Meine Karriere war eine Niederlage. Ich war nicht mehr in den sozialen Medien, besuchte meine Jungs nicht mehr und plante keine Projekte. Ich wusste nicht, wie es weitergeht.

Ronny hatte Verständnis und riet mir, weiter auf Abstand zu bleiben. *„Mach erst mal deinen Kopf frei. Alles, was du brauchst, ist ein einziger Hit, dann bist du Millionär.“* Ich war finanziell am Limit, aber lebte ein minimalistisches Leben und hielt mich mit den letzten paar Euro aus den Vorschüssen und Touren über Wasser. Thaiboxen, Bücher und Spaghetti al tonno. Ich war wieder zurück am Beginn meiner Karriere, die nie wirklich eine gewesen war.

Ich sah mich wieder im Callcenter.

„Raphael Ragucci hier. Wie geht es Ihnen? Haben Sie Interesse an einem schnelleren Internet?“

KAPITEL 15:

DER RABE (DER PAKT II)

Die Albträume kamen wieder. Ich konnte nicht richtig schlafen, aber war auch nie richtig wach. Unser Schlafzimmer war im Erdgeschoss der neuen Maisonettewohnung. Jede Nacht hörte ich die Friedrichshainer Party-Gesellschaft vor unserem Fenster. Das Lachen, Schreien und Streiten. Eines Nachts saß ein Pärchen biertrinkend vor meinem Fenster und sang laut „So wie du bist" von Motrip. Ich kannte ihn gut. Seine ersten Songs hatte er in meinem Studio aufgenommen. Jetzt singen die beiden vor meinem Fenster seine Songs. Wer singt meine Songs?

Ich stieg aus dem Bett und ging die Holzwendeltreppe nach oben und ließ mich auf meinem Chesterfield-Stuhl in der Küche nieder. Sie war in einen Erker gebaut und hatte eine schöne Fensterfront. Davor stand ein großer Baum. Jetzt im tiefen Winter wirkte die ganze Szenerie wie aus einem Hitchcock-Film. Der Mond schien durch die blattlosen Äste.

Es war dunkler, tiefer November. Ein ruhiger Abend in Berlin. Ich lehnte mich auf das Fensterbrett und beobachtete den Mond, wie er sich langsam über dem Wasserturm von Ostkreuz erhob.

Ich dachte zurück an meinen Song von 2010 und den Raben.

Wie würde ich mich heute entscheiden?

In meinem Kopf spielten sich dieselben Bilder ab wie damals. Die Vorhersehungen und die Tribute, doch nun war ich bereit, sie in Kauf zu nehmen. Das erste Mal in meinem Leben wollte ich alles dafür geben. In der Vergangenheit bat ich Gott bei jedem Gebet nur darum, mir die Kraft zu geben, um den Weg der vor mir lag zu bestreiten. Nun sprach ich das erste mal einen klaren Wunsch aus, und dieser konnte klarer und deutlicher nicht sein. Ich wollte Erfolg. Ich wollte den großen Durchbruch. Ich musste es schaffen. Um jeden Preis.

Je öfter ich es innerlich aussprach, umso mehr füllte sich mein Körper mit Adrenalin. Mein Herz pumpte, und ich spürte einen Druck auf meinem Brustkorb, und je stärker der Druck wurde, umso klarer wurden meine Gedanken.

Ich schloss meine Augen, und vor meinem inneren Auge erschien in einem endlosen dunklen Raum der Rabe.

Ein Mensch trägt sowohl das Licht als auch die Dunkelheit in sich. Jeden Tag steht man erneut vor der Entscheidung, für welche Seite man sich entscheidet. Ich war jahrelang - inspiriert von Coelho's Krieger des Lichts - auf der hellen Seite gestanden. In dieser Nacht entschied ich mich für den Raben als Teil von mir, der ab jetzt zu meinem Begleiter werden sollte.

Ich spürte in mir eine endlose Leere, doch sie war nicht bedrückend, im Gegenteil. Als wäre der Ballast meiner Vergangenheit geleert worden, und ich war bereit, gegen mich selbst in den Krieg zu ziehen. Es war eine neue Energie, die ich so davor noch nicht gespürt hatte.

Es gab nur eine Handvoll Menschen, die noch wirklich an meinen musikalischen Erfolg glaubten. Anna, meine Mutter, meine Schwester und Ronny.

Mein Gesamtvermögen belief sich in dieser Nacht 2015 auf 250 € aber es machte mir keine Sorgen mehr. Irgendetwas in mir gab mir die Gewissheit, nun auf dem richtigen Weg zu sein.

KAPITEL 16:

DIE RUHE VOR DEM STURM

„Wenn ich will, fick ich Rap
bis auf die Knochen, wenn ich will.“
(Was ich will – RAF Camora)

Der erste Schritt war der Krieg gegen mich selbst. Die Visionen des katastrophalen Scheiterns ließen mich immer wieder an mir selbst zweifeln.

Wenn ich sie beenden wollte, musste ich sie bekämpfen. Das Wissen holte ich mir aus Büchern. Bücher sind Gedanken von großen Menschen, die sich jahrelang mit einem Thema auseinandergesetzt haben. Die Werke aus der japanischen Literatur wurden meine Trainer – für die Auseinandersetzung mit mir selbst. Ich musste trainieren.

Wie ein Boxer ein Gym braucht, brauche ich ein Studio. Eines, das ich als Erster morgens betrat und als Letzter tief in der Nacht wieder verließ. Ich brauchte Geld, um das Studio auch bezahlen zu können. Also musste ich etwas releasen. Ich arbeitete mit den Produzenten Steroids in ihrer WG in der Boxhagener Straße an meiner „Schwarzen EP" und machte dazu eine Weihnachts-Fan-Box. Es waren nur wenige Stücke, aber ich verkaufte sie über meinen eigenen Shop und verdiente damit genug Geld, um damit arbeiten zu können. Zumindest genug, um die Kaution und den Ausbau eines kleinen Kellers in der Kreuzberger Falckensteinstraße zu finanzieren.

Der Keller war ein Rattenloch. Fette Spinnen, Schimmel und eine Schriftstellerin als Nachbarin, die mir schon vor dem Einzug klarmachte, dass sie ihre Ruhe braucht und ihr meine Umbaupläne schon seit dem ersten Hammerschlag gehörig gegen den Strich gingen. Ideale Voraussetzungen für einen Neubeginn. Aber der Keller war günstig, und ich hatte einen nie dagewesenen Eifer in mir. Der Rabe hatte sein Werk getan. Ich hatte keine Ahnung, wie ich ein Studio in so einem Loch am besten aufbauen sollte.

Mein Freund Rabhir, der mir beim Umbau half, noch weniger. Also schaute ich mir Tutorials auf YouTube an und fragte meine Leute aus der SAE um Rat.

Der Satz, den ich am häufigsten hörte, war: „*So wie du dir das vorstellst, wird es nicht funktionieren.*"

Also hörte ich auf zu fragen, vertraute meinem Débrouillard-Instinkt und machte einfach weiter. Rabhir und ich arbeiteten jeden Tag zehn Stunden lang an der Baustelle. Wir fuhren morgens zum Baumarkt und luden Holzbretter, Dämmmaterial und Werkzeug in einen alten VW und karrten das Zeug zur Baustelle.

Sechs Wochen und hunderttausend Hammerschläge später war das Studio fertig. Unsere Hände überzogen zig Verletzungen. Rabhir hatte einen Hautausschlag von der Dämmwolle bekommen. Aber das Studio war fertig. Und wir waren stolz darauf. Die erste Etappe war erreicht. Die Steroids und ich konnten dort produzieren. Der nächste Schritt war der wichtigste und zugleich mein Masterplan. Ich musste definieren, was für Musik ich produzieren wollte. Ich hatte meine Entscheidung längst getroffen, jetzt sprach ich sie aus.

Ich begrub RAF 3.0 und konzentrierte mich alleine auf RAF Camora. Die alte Frage: Wer war er? Wer war ich?

Anna und ich waren damals schon drei Jahre zusammen. Sie hatte in den Niederlanden Psychologie und Neuromarketing studiert und wusste, wie die größten Konzerne der Welt ihre Strategien planten. Und Anna war ein Hiphop-Fan.

Ihre Schlussfolgerung: Jeder erfolgreiche Musiker hatte maximal drei Merkmale. Je stärker sie aus der Masse hervorstachen, desto stärker war ihre Position. Um meinen Platz zu finden, musste ich der Stärkste auf meinem Gebiet sein. Meine Vielseitigkeit war dafür ein absolutes Hindernis. Ich wollte mich auf drei Stärken fokussieren. Eigenschaften, die nur ich transportieren konnte. Ich gab dieser Methode den Namen „The Power of Three". Unsere Kunst hatte sich stark verändert. Es gab nicht mehr nur die Musik, das auditive Element.

Das Image wurde stark auch vom Erscheinungsbild und vom Lifestyle geprägt.

An vorderster Front stand der Rabe.

An zweiter Stelle Dancehall, dessen Melodien und Flows für mich viel interessanter als jene des Rap waren.

An dritter Stelle war meine Stadt Wien. Außerhalb dieses Kraftfeldes wollte ich mich in Zukunft nicht mehr bewegen, um der Formel ihre Wirksamkeit zu lassen.

Ich hatte meine drei Punkte gefunden und wusste, was zu tun ist. Also ging ich in meinen Keller, in mein Studio. An jedem Morgen um sieben Uhr, wenn ganz Kreuzberg aus den Clubs nach Hause taumelte, um seinen Rausch auszuschlafen, hörte die Schriftstellerin in ihrer Wohnung einen Schlüssel in der Sicherheitstür zu meinem Studio einrasten. In den folgenden Stunden gab es nur mich, die Musik und das leise Surren meines Telefons, wenn sie mir wütende SMS schrieb und mich bat, leiser zu drehen. Und ich brauchte diese Ruhe und diese Abgeschiedenheit. Sie waren die letzten Zutaten, die mich auf den nächsten Schritt heben sollten.

Ich hatte mein Studio, gute Produzenten und endlich einen klaren Fokus. Ich begann an meinem Album „Ghost" zu arbeiten. Tagsüber im Studio, nachts schrieb ich in der Küche meiner Wohnung weiter an den Texten.

15 Tracks sollten auf das Album, alle anderen, die ich schrieb und produzierte, waren pures Training.

Ich musste trainieren, denn die neue Generation schlief nicht. Mehr noch: Sie war mir in einigen Dingen um Lichtjahre voraus.

Sie waren alle zehn Jahre jünger als ich, hatten zwar viel weniger Erfahrung, aber verstanden intuitiv – und sie bespielten Social Media wie ein Klavier.

Facebook, Instagram – das war meine Achillesferse. Ich hatte nicht viel Bewunderung für diese Clownereien übrig. Doch ich durfte keine Arroganz entwickeln, sondern musste es lernen. Also setzte ich mich mit Chris, dem Leiter einer Social-Media-Marketing-Agentur aus Frankfurt, zusammen und begann, einen kompletten Plan für „Ghost" anzulegen. Die ersten Bilder und Storys, die ich nach dem neuen Prinzip veröffentlichte, kamen auf gerade einmal 1.000 Likes, aber ich spürte eine Veränderung in meiner Wahrnehmung da draußen. In den folgenden Wochen sollte sich mein Leben in eine ganz neue Richtung drehen.

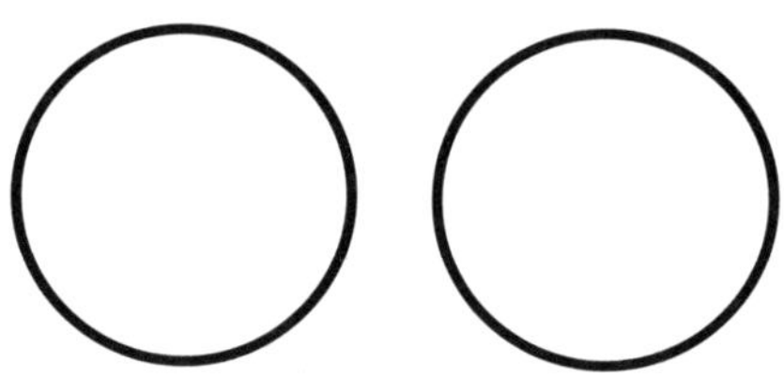

KAPITEL 17:
NEUE FREUNDSCHAFT

Eines Morgens im Spätsommer 2015 ging ich in einer dreckigen Jogginghose mit Annas Pudel durch Friedrichshain spazieren. Wie immer gab ein 1,90 großer Mann mit einem 25 cm großen Pudel ein merkwürdiges Bild ab, aber Anna zuliebe passte ich auf diesen Hund namens Peanut auf, weil sie ihn nicht mit zur Arbeit nehmen durfte. Vor einem Van sah ich Kontra K mit ein paar seiner Jungs herumstehen. Wir kannten uns nicht persönlich, aber er wusste, wer ich bin, und ich wusste, wer er ist. Also schüttelten wir an der Wühlischstraße, Ecke Seumestraße, einander zum ersten Mal die Hände und führten Smalltalk, wie es sich gehört.

„*Alles klar?*“, fragte Kontra K.

„*Danke, alles gut.*“

„*Stabiler Hund, ist deiner?*“ Kontra zeigte auf den kleinen Pudel und grinste.

„*Von meiner Freundin. Was machst du hier in Friedrichshain? Wohnst du hier?*“

„Ach, hier ist das Büro von meinem Management.
Wir fahren gerade auf Promotour.“
„OK, topp. Respekt für deine Sachen. Habe ich alles mitverfolgt“,
sagte ich.

„Danke, ich deine auch. Verfolge dich auch schon sein Längerem. Lass gerne mal einen Kaffee trinken, wenn du Bock hast“,
verabschiedete sich Kontra.

Es klang zwar wie eine Floskel, aber ich sah, dass er es ehrlich gemeint hatte. Wir tauschten Nummern aus, und bereits ein paar Tage später trafen wir uns in Charlottenburg auf einen doppelten Espresso.

Kontra K und ich merkten recht schnell, dass wir dieselben Interessen teilten. Wir mochten japanische Literatur, hatten ähnliche Erfahrungen mit dem gleichen Schlag Menschen gemacht, kamen beide aus dem Straßenrap und teilten das Gefühl nach kurzen Ausflügen in die Popwelt, dort nicht wirklich akzeptiert zu werden.

Wir saßen zwei Stunden zusammen, und auf dem Heimweg spürte ich eine Verbundenheit, die man entweder ab dem ersten Moment spürt oder nie.

Mein Handy klingelte, während ich in meinem Alfa Romeo durch Charlottenburg fuhr.

Ich holte es aus der Hosentasche. Ronny wollte plaudern, und ich erzählte ihm von meiner Begegnung mit Kontra K.

Ronny schaltete sofort um.

„Habt ihr euch zufällig getroffen oder wollt ihr einen Song zusammen machen?“, fragte Ronny.

„Eigentlich zufällig“, erwiderte ich.

„Schade, ein Song wäre nicht schlecht mit euch beiden.
Frag ihn doch mal!“

„Sowas ist mir unangenehm, irgendwie unverschämt in meinen Augen.“

„Denk nicht immer so viel nach. Frag ihn einfach beim nächsten Mal.“ Ronny kannte mich mittlerweile ziemlich gut.

Ich sprang beim nächsten Mal tatsächlich über meinen Schatten und fragte Kontra K, ob er Lust hätte, gemeinsam mit mir an einem Song zu arbeiten.

Er sagte zu, bevor ich meine Frage zu Ende formuliert hatte. Ich war überrascht und freute mich. Er war gerade einer der gefragtesten Künstler am Markt, und auch imagemäßig passten wir gut zusammen.

Wir trafen uns in meinem Kellerstudio. Seinen Part zu „Hero“ hatte er in zehn Minuten geschrieben. Ich war begeistert. Er hatte nicht nur eine Stimme, die meine perfekt ergänzte, sondern seine Gedanken spiegelten meine auch wider. Vor meinem inneren Auge sah ich schon Sequenzen eines gemeinsamen Videos ablaufen. Doch ich hielt mich zurück.

„Reiß niemandem den Arm ab, der dir gerade die Hand ausstreckt“, wie mein Großvater immer sagte.

Wir beendeten unsere Session, und auch wenn kein Video das Licht der Welt erblickte, bin ich bis heute stolz auf den Song.

Kontra K verabschiedete sich und verließ das Studio. Als sich die Tür hinter ihm fast geschlossen hatte, sagte er noch: *„Übrigens. Unbekannterweise schöne Grüße von Bonez.“*

„Bonez?“, fragte ich irritiert.

„Von der ‚187 Strassenbande'. Er hat nach deiner Nummer gefragt. OK, wenn ich sie ihm gebe?“, fragte mich Kontra K.

Ich kannte die Hamburger Crew vom Namen und wusste, dass sie gerade kurz vor dem Durchbruch stand und das neue Aggro Berlin werden sollte. Einen Song hatte ich von ihr allerdings noch nie gehört.

„Klar. Gib ihm meine Nummer.“

Ein paar Tage später. Irgendwo auf der Autobahn zwischen Frankfurt und Berlin mit 180 km/h, in meinem alten Alfa ohne Headset, Freisprechanlage oder Bluetooth, klingelte mein Telefon. Darauf eine Nummer, die ich nicht kannte. Es war Bonez.

„*Yo, Camora, Bonez hier. Kontra hat mir deine Nummer gegeben. Hast du Bock auf einen Song?*“ Direkt, unaufdringlich, ehrlich – er war mir direkt nach dem ersten Satz sympathisch.

„*Hör dir mal den Track an, bei dem ich dich gern dabei hätte. Ich lass ihn dir schicken. Ich hab keine Mails und auch kein Smartphone.*“ Wir redeten über Dancehall. Er kannte sich gut aus mit der Materie.

„*Ich bin gerade mit GZUZ auf dem Weg nach Jamaika. Wir wollen da ein Video drehen. Er wird der neue Straßen-Peter-Fox.*“ Ein schallendes Lachen von Bonez folgte.

„*Mit deinem Song ‚Wo ist mein Kroko' hast du dem Lacoste-Krokodil die Ehre genommen. Wir mussten sie mit ‚Schnapp' wieder herstellen*“, lachte Bonez am Telefon.

Ich war überrascht, dass er meinen Song von dem Album „Therapie nach dem Album“ kannte, und setzte direkt nach dem Telefonat eine Message an Bonez in meinem Song „Creator“ ab, den ich, wie ich es immer tat, im Auto zwischen Berlin und Frankfurt schrieb.

„RAF Camora ist Geschichte,
mein Kroko 187."
(Creator – RAF Camora)

In den restlichen Stunden der Fahrt rasten meine Gedanken. Ich legte meine CD mit Beats ein und schrieb im Kopf weiter an Songs. Als ich zuhause den Laptop aufklappte, war „Geschichte" in meinem Posteingang. Ich traute meinen Ohren nicht. Es war deutscher Dancehall, der nicht pseudomäßig nach Jamaika klang.

Solche Musik wollte ich machen.

Der Song war Straße, war hart, aber eben auf Deutsch. Meinen Part schrieb ich noch, während ich die Koffer auspackte. Am selben Tag fuhr ich ins Studio, nahm den Part auf und schickte den Ruffmix direkt an Bonez' Produzenten Jambeatz ins 187-Studio.

Keine Viertelstunde später klingelte das Telefon.

„Richtig baba", rief ein euphorischer Bonez ins Handy.

„Danke, ist auch ein heftiger Song. Ich dachte, ich wäre der Einzige in Deutschland, der die Vision hat, Dancehall zu machen", antwortete ich.

„Na, dann schreit das ja nach einem Kollabo-Album", antwortete Bonez, nachdem wir zweimal telefoniert hatten und ich ihm acht Verse geschickt hatte.

Seine Herangehensweise erstaunte mich.

Bonez war komplett direkt, folgte seinem Instinkt ohne Floskeln, und in seiner Welt hatte er damit recht. Wozu lange überlegen, wenn etwas Sinn macht. Wenn er auf etwas Bock hat, steht er dazu.

Eine Woche später war Bonez in Berlin, und wir trafen uns zusammen mit Kontra K im Studio. Die beiden verband eine lange Freundschaft – auch wenn sie komplett unterschiedliche Wesen waren. Kontra war nachdenklich, melancholisch und ein verbissener Arbeiter wie ich. Bonez immer gut drauf, immer am Witzereißen, ohne damit anstrengend zu sein. Kontra und ich wirkten wie zwei Typen, die sich überlegten, ob Jeans und T-Shirt gut zusammenpassen. Bonez war unrasiert und trug eine Mütze mit einer Kalaschnikow darauf.

Am Abend gingen Bonez und ich ins El Perro Loco am Ostkreuz, um ein paar Moscow Mules zu trinken. Ich war völlig in meinem Arbeitsfilm gefangen und ging so gut wie nie in irgendwelche Bars, um zu trinken.

Bonez erzählte von neuen 187-Videos und Songs. Ich erklärte ihm, dass ich aktuell so weit von Deutschrap weg war, dass ich so gut wie nichts mitbekommen hätte.

Er nahm mir das nicht ab.

Er kannte die Rap-Szene sehr genau. Auch die Typen, die auf Festivals so tun, als würden sie deine Musik nicht kennen, um auf cool zu machen. Doch bei mir war es die Wahrheit.

Er zeigte mir ein Video auf YouTube, und ich konnte nicht fassen, dass es jenseits der fünf Millionen Views lag. Sogar ein reiner Audio-Song, den er mit einem Foto von sich selbst gepostet hatte, kam auf über zehn Millionen. Als Bonez mein Erstaunen sah, glaubte er mir, dass ich keine Ahnung hatte. Er fand Gefallen daran, dass ich kein Erfolgs-Fan war wie die meisten Menschen, die er neu kennenlernte.

„Alles klar. Dann gibt es jetzt eine 187-Nachhilfestunde.“ Bonez freute sich, mir einmal seine komplette Welt zu zeigen.

Ich den folgenden Stunden bekam ich jedes 187-Video, jeden Blog, jeden Artikel und sehr, sehr viele Songs zu hören. Der Style und die Videos erinnerten mich an Sachen, die ich aus dem Paris der 90er-Jahre kannte. Während des 187-Unterrichts merkte ich, wie mir die Drinks auf den Kopf schlugen.

Da ich damals alles selbst mischte, hörte ich immer genau auf den Sound, und einige Songs kamen mir vor, als hätte man sie direkt nach dem Aufnehmen veröffentlicht.

„Wer mischt eure Songs eigentlich?“, fragte ich.

„Jam Beatz macht das – und ich irgendwie. Aber ich weiß nicht, ob man das ‚mischen' nennen kann. Also mischt wahrscheinlich keiner“, erwiderte Bonez.

Die Jungs hatten schon ganz Hamburg mit Stickern beklebt, bevor sie überhaupt Musik machten. Bonez setzte nur das um, was er gut fand. Ihm war in jeder Lebenslage egal, was andere von seinen Klamotten, seiner Musik, seiner Art zu leben dachten.

Ich schickte Bonez kurze Zeit später die ausproduzierte Version zu „Geschichte“. Ich überarbeitete den Song gemeinsam mit den Steroids nach meinen Vorstellungen und produzierte daraus einen Hit. Bonez feierte meine Arbeit allerdings nicht so ganz.

„Mir gefiel er vorher besser. Jam Beatz findet deine Version aber auch tausendmal besser, deshalb lassen wir das jetzt so, wie du das gemacht hast. Lass uns ein Video dazu drehen.“

Zwei Wochen später saßen wir gemeinsam mit unserem Filmemacher Shaho Casado im Flieger nach Jamaika. Wir hatten uns davor gerade zweimal getroffen, und nun standen wir davor, zwei Wochen jeden Tag zusammen unterwegs zu sein. Mental bereitete ich mich auf alle Szenarien vor. Wir hätten uns nach drei Tagen auch schlagen können. Es kam aber anders.

Wir landeten, und es gab kein großes Abtasten, keine Kennenlernphase.

„*Los, lass in einen Club gehen*", sagte Bonez motiviert.

„*Wo? Hier in Montego Bay? Zwei Weiße und ein Iraner?*"

„*Ja, warum nicht? Hier ist Dancehall*", antwortete Bonez und versuchte mich mitzuziehen.

Ich hatte zwar keinen Bock, aber was sollte ich zu Hause machen.

Ich sah uns schon wie in einer amerikanischen Komödie, wie zwei auf die falsche Party kommen, die Musik gestoppt wird und alle einen ansehen.

Als ich auf dem WC war, klebten die Jamaikaner fast auf den Pissoirs und starrten auf die Fliesen. Sie vermieden, einander auch nur zufällig in die Augen zu sehen.

Niemals dürfen sich beim Pissen die Blicke kreuzen. Sowas machen nur „Batty Boys“, die jamaikanische Bezeichnung für homosexuelle Männer. Ich konzentrierte mich darauf, ernst zu gucken und keine Blicke zu kreuzen. Wie man es auf Jamaika so macht.

Auch Bonez tat, was man auf Jamaika so macht.

Er stand in seinem roten Support 81-Shirt mitten auf der Tanzfläche. Ein norddeutscher 2-Meter-Wikinger tanzte, als wäre er direkt aus Montego Bay.

So verliefen auch die kommenden zwei Wochen. Es gab nie schlechte Vibes zwischen uns. Abends tranken wir Rum und rauchten outdoor Weed. Wir ließen Riddims laufen und begannen an Songs zu arbeiten. Eigentlich coverten wir jamaikanische Klassiker, um ein Gefühl zu bekommen. So ist es, wenn man eine neue Musikrichtung definieren möchte.

Zurück in Berlin bekam unsere Freundschaft erste Substanz. Ich begann meine Promo für „Ghost“. Bonez beobachtete mich von Hamburg aus und merkte, wie ich mir über jedes Posting den Kopf zerbrach. Ihm war schleierhaft, wie ich auf so eine Nebensächlichkeit so viel Energie verwenden konnte, aber er ließ mich machen. Auf der anderen Seite merkte ich, dass er fast keine Ahnung von der Industrie hatte.

Eines Tages saßen wir in der Falckensteinstraße in meinem Kellerstudio. Bonez schilderte mir, wie das mit ihrem Label so lief.

Die Geschäftsgrundlage war eine Vereinbarung zwischen Management und GZUZ, der nach der Unterschrift zu dem Manager meinte: *„Wenn ihr uns bescheißt, dann schieße ich euch in den Kopf."*

Bonez hatte als Kopf der Strassenbande keine Ahnung, was ein Vertrieb, ein Verlag oder ein Label so macht. Sie lieferten üblicherweise ihre Alben und Mixtapes ab, marschierten mit einem Kuvert voller Geld wieder aus dem Büro und teilten es auf. Daraufhin skizzierte ich auf einem Zettel die wichtigsten Basics der Musikindustrie und erklärte ihm, wie Künstler Geld aus dem Merchandising, den Konzerten und den Musikverkäufen bekommen.

„RAF, wenn du das alles doch so gut kannst und verstehst, warum wirst du denn nicht mein Manager?", fragte Bonez frei heraus. Mit breitem Grinsen vorgetragen, aber absolut ernst gemeint.

„Ich denke nicht, dass ich das machen kann. Ich habe meine Musik. Ihr braucht da jemanden, der sich voll und ganz drauf stürzt. Aber zeig mir mal deinen Vertrag. Ich schau ihn mir an und sage dir, ob ihr einen guten Deal habt."

Bonez wusste aber nicht einmal, wo er den Vertrag hatte.

Abends begleitete ich ihn auf einen Gig im „Prince Charles“, einem kleinen Hiphop-Club am Moritzplatz in Kreuzberg. Mir war nicht ganz klar, weshalb die 187 Strassenbande dort einen Auftritt hatte. In die Location passten vielleicht 200 Leute, und außer mir und Kontra K war auch kaum jemand da. Wir standen mit den vielleicht 20 anwesenden Fans herum und feuerten die Jungs auf der mickrigen Bühne an.

Nach dem Konzert suchten wir seinen damaligen Manager auf. Bonez hatte ihn gebeten, den Vertrag mitzubringen, damit er ihn für seine eigenen Akten hatte. Als sein Manager ihm den Vertrag aushändigte, reichte Bonez mir die paar Seiten Papier weiter, und ich setzte mich sofort in mein Auto vor den Club und sah ihn mir an.

Ich konnte nicht glauben, was ich da sah.

80/20.

80 Prozent aller Einnahmen gingen an das Label,
in meinen Augen kein guter Vertrag.

Ich versprach Bonez noch am selben Abend, dass ich mich um die Sache kümmern würde. Wenn er nicht aus dem Vertrag rauskommen würde, könnte ich zumindest nachverhandeln. Über kurz oder lang mussten die Jungs woanders unterkommen, zu viel besseren Konditionen.

Ronny schaltete sich ein und begann im Hintergrund die Fäden zu ziehen. Bonez und ich wollten uns vorerst auf unser Kollabo-Album konzentrieren. Natürlich bekamen wir Gegenwind von Bonez' damaligem Management.

Verständlich: Die Strassenbande war gerade das heiße Ding auf dem Markt. Jetzt wollte Bonez mich ins Boot holen und ein Reggae-Album auf den Markt bringen.

Sie verstanden die Welt nicht mehr. Auch ich dachte mir nicht, dass das Ding so erfolgreich werden würde. Aber wir wollten es unbedingt durchziehen.

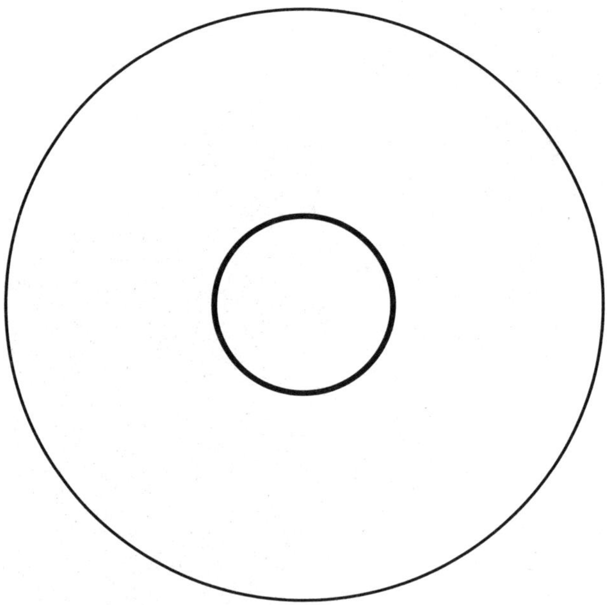

KAPITEL 18:

PALMEN AUS PLAΣTIK

Ein Grund, warum auch damals viele gegen unser Kollabo-Album waren, ist die Tatsache, dass Bonez und ich nach außen eher gegensätzlich wirken.

Allerdings vereint uns beide so einiges, hauptsächlich die Lebenseinstellung – geradlinig, ehrlich und direkt. Wären wir nicht im Rap-Zeitalter, wären wir von unserer Einstellung her eher Punks geworden. Gegen den Kommerz. Kunst vor Image.

Wir haben unsere ersten Idole wie Kurt Cobain oder Axl Rose in der Mentalität. Das verbindet uns seit dem ersten Moment. Wir bemerkten beide früh, dass wir bei entscheidenden Fragen dieselben Antworten haben.

Eine Geschichte, die gut dazu passt, ereignete sich, kurz nachdem wir uns kennengelernt hatten.

Ein Label hatte der 187 Strassenbande einen Bandübernahme-Vertrag vorgelegt – 300.000 Euro für mehrere Alben.

Das war viel Geld für die damaligen Umstände. Eigentlich sogar ein Jackpot.

Bonez hat den Vertrag aber nicht unterschrieben, weil ihm der Manager auf die Schulter geklopft und gesagt hatte: *„Du willst doch, dass es deiner Familie gut geht. Dann bist du endlich im Trockenen.“*

Bonez spürte instinktiv die schmierigen Tricks des Managers, der sehr wohl wusste, wie viel Geld das Label mit den Alben verdienen würde. Bonez setzte seinen Namen nicht unter den Vertrag.

So ist er – er gibt jedem eine Chance, hört offen und interessiert zu. Doch wenn jemand nicht gerade ist, hat er ganz schnell bei ihm verkackt.

Genauso ticke ich auch. Allerdings auf meine Art. Während Bonez wie Balu der Bär ist, groß, aber trotzdem gemütlich, bin ich eher der Panther Baghira: Misstrauisch und lieber für mich.

Allerdings wäre das Leben von Baghira trostlos ohne den Bären.

Aber uns trennt auch einiges: Bonez kann die Ruhe nur schwer ertragen. Der Blick auf das Meer ist der blanke Horror für ihn. Bonez braucht bewegte Bilder und Menschen um sich. Er kann sich innerhalb einer tobenden Menge im Club am besten entspannen.

Auch unser Frauengeschmack könnte unterschiedlicher nicht sein: Eine typische „Bonezine" ist südländisch, eher klein, manchmal etwas fülliger und darf keine Schuhe über Größe 36 tragen. Auch ein bisschen Fake stört ihn nicht: Aufgespritzte Lippen, operierte Brüste und Hintern sind genau sein Ding. Ich hingegen schaue eher dem Balkan und Europa hinterher – groß, elegant und gut gebaut.

Vor seiner Zeit als Musiker arbeitete Bonez in einem McDonalds hinter dem Tresen oder bezog Hartz IV.

Er wusste intuitiv, wie er jeden Einzelnen der Strassenbande perfekt positioniert. Natürlich hatte er das Glück, dass die 187-Jungs so waren, wie sie eben waren. Da war nichts gestellt. Aber Bonez setzte sie perfekt in Szene.

Ich war vor dem Beginn unserer Zusammenarbeit von der „Ghost"-Tour zurückgekommen und konnte wegen eines Bandscheibenvorfalls nur seitlich liegen. Aber jede Sekunde, in der ich nicht arbeite, ist für mich verbrannte Zeit. Das war und ist mein Credo. Also hörte ich mir Loops auf irgendwelchen Trance-Seiten an. Irgendwann fand ich den „Ohne mein Team"-Loop, ging in die Küche und kochte mir Spaghetti al tonno. Ich schnitt Zwiebeln, gab die Nudeln in einen Topf und schrieb nebenher den Text zu dem Song. *„Ich schließe die Tür des Apartments, wenn die Party komplett ist …"* und dachte mir: nicht schlecht.

Der französische Rapper MHD hatte uns angefragt, ob er ein Feature haben könnte, daher dachte ich, dass ich diesen Song für dieses Feature schreibe. Als die Spaghetti al dente waren, war der Text fertig. Danach bin ich sofort ins Studio gefahren. Karmo Kaputto nahm meine Zeilen auf, und „Ohne mein Team" war fertig. Wir wollten Mitte Mai mit den Aufnahmen an „Palmen aus Plastik" beginnen und mussten Anfang Juli das Master abgeben. Wir hatten also nur wenige Wochen Zeit für die Produktion.

Es sprach sich herum, dass Bonez und ich miteinander arbeiten würden. Meine Rückenschmerzen besserten sich, und ich begann wieder mit dem Sport. Im Fitnessstudio sprach mich der Typ hinter dem Tresen an.

„Bonez und du, krasse Sache. Ist dir klar, dass du bald Millionär bist?"
Ich dachte nur: *„Was fantasierst du?"*

Das war das erste positive Feedback, das ich zu der Zusammenarbeit mit Bonez bekommen hatte. Ich selbst war mir überhaupt nicht im Klaren, wohin diese Zusammenarbeit führen sollte.

Wir verstanden uns gut und hatten das gleiche Ziel.
Aber ob unser Plan auch aufgehen würde, war alles andere als sicher.

Aus Bonez' Management kam die Nachricht, dass sie 3.000 Stück des Albums über ihren Online-Shop verkaufen wollten.
Von einem wirklichen Release von „Palmen aus Plastik" war nicht die Rede. Es war mir auch egal. Mir ging es in erster Linie um die Musik.

Wir wollten das Album produzieren und uns nicht ums Geschäft kümmern müssen. Ronny sah das ein bisschen anders. Er marschierte zu Universal und sprach dort mit den Entscheidern. Er sagte den Managern dort, dass sie Probleme mit ihren Künstlern und er mit seinem bekommen würden, wenn die Sache nicht nach unseren Vorstellungen umgesetzt würde. Zum Glück, denn in deren kreativer Vision sollte das Cover unseres Albums ein Hologramm mit zwei Delfinen auf Jetski sein, die je nach Betrachtungswinkel auch Haie waren. Was für eine Idee.

Ich weiß bis heute nicht, was da hinter verschlossenen Türen besprochen wurde, aber er kam mit dem unfassbarsten Deal wieder zurück. Damals ließ mich das allerdings völlig kalt.

Erstens glaubte ich nicht an einen so großen Erfolg, zweitens wollte ich deutschen Dancehall erfinden. Das war ein Traum, den ich seit 100 Jahren im Kopf hatte. Warum gab es französischen Dancehall? Warum hatten die Spanier Reggaeton? Warum gab es in Deutschland nichts Vergleichbares?

Bonez und ich trafen uns jetzt regelmäßig. Wir verbrachten viel Zeit im Studio. Ich hatte schon zehn Skizzen vorbereitet, darunter „Ruhe vor dem Sturm“, „Killer bleibt Killer“. Ich war fokussiert und wollte unbedingt schnell mit der Arbeit beginnen. Am ersten gemeinsamen Studiotag brachten wir beide ungefragt Gastgeschenke mit. Jeder hatte Substanzen dabei, aber wir spürten schon nach der ersten Session, dass der Vibe ohne Chemie viel besser war. Wir beschlossen, immer nur ein Getränk zu trinken, und zwar eine Flasche „Monkey Island“, die es bei „Kaufland“ gab. Das war ein Rum-Mischgetränk. Auf der Flasche war ein witziger Affe vor zwei Palmen abgebildet. Vielleicht hat uns auch das Getränk unterbewusst zum Albumtitel inspiriert. Wir merkten, dass wir auch so gehyped waren, und produzierten in extremer Geschwindigkeit „Mörder“ und „Ciao Ciao“. Bonez war der Motor von 187. Ich war der Kraftstoff.

Den größten Spaß hatten wir bei der Suche nach dem Albumtitel. Wir lachten so viel, dass wir abwechselnd vor einem Asthmaanfall standen.

„Der Urknall", „Deutscher Dancehall mit Attitüde", „Dem Vibe-Lordz". Bonez kam dann mit den Palmen an.

In Deutschland gab es keine Palmen. Nur die aus Plastik vor den Solarien und Fitness-Studios.

Palmen aus Plastik.

Wir haben das erste Mal nicht gelacht. Wir beide fanden den Titel groß. Unsere Leute weniger.

Nur Massiv, der uns im Studio besuchte, feierte den Namen dermaßen, dass er uns eine dreiminütige Sprachnachricht schickte, mit der er uns krass motivierte, sodass wir es dabei beließen.

In diesen Tagen änderte sich auch meine Reimtechnik. Bei „Ghost" schrieb ich an den passenden Zeilen, bis sie absolut perfekt waren. Ich machte mir Tausende Gedanken über das Thema, jeder Reim musste mehrsilbig sein. Ich wollte Worte verwenden, die einzigartig und nicht geläufig waren. Alle vier Takte musste sich der Flow ändern. Jeder Beat war überproduziert. Wenn ich einen Beat vor mir hatte, konnte ich auch um drei Uhr nachts, im Auto oder im Flugzeug die Texte dazu schreiben.

Bonez brauchte die richtige Stimmung. Er lag manchmal stundenlang auf dem Sofa im Studio, rauchte Joints und spielte mit einer Jalousienkordel vom Studiofenster. Anfangs machte mich das komplett verrückt.

Ich dachte, dass wir so einfach nicht weiterkommen würden.

Bonez ist kein stoischer Arbeiter, sondern vertraut seiner Intuition. Wenn ihm eine Idee kommt, sind seine Texte binnen kürzester Zeit fertig. Damals reimte er manchmal sehr einfach: „liege auf dem Bett" auf „verliebe mich direkt" war kein Problem für ihn.

Bonez kann jeden Triple-Reim perfekt setzen. Er hat die Technik, die jeder braucht, der im Rap etwas sein möchte. Doch er setzte sich bewusst an die Texte und machte sie einfacher. Ihm war alles viel zu verkrampft.

„Ich kenne einen anderen Camora aus 2009, der das bestimmt lockerer gemacht hätte", sagte er.

Ich wusste erst nicht, was er meint. Er zeigte mir durch seine Herangehensweise, dass ich mich mehr auf die Musik konzentrieren sollte und die Texte dann ruhig etwas fluffiger, frischer sein konnten. Unser Style würde die Lieder schon tragen.

Anfangs regte er sich darüber auf, dass ich Musik machen „Arbeit" nannte. Wir einigten uns darauf, es spaßeshalber „grooven" zu nennen. Und der Groove änderte sich für mich komplett. Für mich waren Songs immer erst dann fertig, wenn es für sie ein Artwork gab und sie perfekt produziert waren – nur so wurden Songs in meiner Welt präsentiert.

Bonez hingegen filmte den Monitor über dem Mischer ab und postete den roughen Beat mit ein paar Zeilen Text darüber auf Facebook und Instagram – und alle feierten es. Posting immer zwischen 18.00 und 20.00 Uhr, am Sonntag Ankündigung mit einem vorbereiteten Text. Das gab es für Bonez nicht.

„Was juckt mich der Blödsinn", sagte er, und die Leute feierten seine Posts auch um drei Uhr in der Früh. Ich erkannte einen komplett anderen Ansatz und fühlte mich langsam so, als hätte ich das Social-Media-Spiel nun verstanden.

SOCIAL MEDIA

Ich beginne den Text bewusst nicht mit „Zu meiner Zeit war alles anders“. Die Zeiten, die sich ändern, zu bewerten liegt nicht in meinem Ermessen, allerdings kann ich objektiv darüber schreiben, denn keiner hat diesen Wechsel bewusster erlebt als meine Generation, geboren in den 80er-Jahren. Ich kannte die Zeit ohne Smartphone, die Zeit mit Pager, die ersten Handys mit SMS-Funktion. Die ersten Chatrooms, Napster, ICQ – und dann kamen langsam die ersten Plattformen, die man als soziale Medien beschreiben kann. Ich erinnere mich, als MySpace auf den Markt kam und es erst mal ein Kanal für Künstler war. Die Plattform veränderte mein Bild auf die Musikwelt. Alles war geschrumpft. Aus unnahbaren Halbgöttern wurden Menschen.

Um zu wissen, wie Metallica aussieht, musste man in den 90er-Jahren Metal-Magazine kaufen. Mit Glück gab es Fotos im Booklet. Alles andere waren die Musik und die Fantasie der Fans. Ich hörte die Musik achtsam. Denn jedes Wort, jede Seite des Booklets war die gesamte Welt dieser Bands. Via MySpace konnte sich plötzlich jeder mit den Bands connecten und mit ihnen in Wettbewerb treten. Dort zählten die Plays, die auf der eigenen Seite abgespielt wurden, und die Top-Friends, die, je prominenter sie waren, auf den eigenen Status abfärbten. Es genügte, einen Song pro Monat und ab und an ein Bild hochzuladen. MySpace war noch nicht gierig nach den Daten.

Danach kam Facebook. Ein neues Level der Aufmerksamkeit begann. Man teilte seine Meinung mit allen, und alle konnten darauf antworten und ihre Meinung zurückgeben. Man teilte Fotos, und auch der Wettbewerb wuchs. Es war bedeutend, wie viele Likes ein Posting oder ein Foto bringt. Und die Follower-Zahl begann immer mehr auch in der Industrie zu zählen. Labels waren von nun an nicht mehr auf den Untergrundkonzerten von Bands, um Talente zu entdecken, sondern sie saßen vor dem Bildschirm für die Jagd auf frische Talente.

Die Weiterentwicklung von Facebook ist das, was ich heute als meine stärkste Fessel bezeichne.

Instagram - die Maschine, die Egos genauso schnell aufbaut, wie sie sie zerdrückt.

Nicht nur, weil sie die Welt makellos und perfekt erscheinen lässt und allen, die diese perfekten Welten betrachten, das Gefühl vermittelt, minderwertig zu sein.

Diese Maschine macht Menschen zu asozialen Wesen. Die Bestätigung, das Lob für ihr eigenes Leben, bekommen sie jeden Tag hochdosiert und zu 100 Prozent chemisch.

Der Wettkampf um Likes auf Fotos ist für mich zur Last geworden. Wir Künstler haben uns zwar durch die sozialen Medien unabhängig von Großkonzernen gemacht, weil wir unsere Werbung selbst auf Instagram publizieren.

Allerdings nahm Instagram uns ein Stück Freiheit. Für ein paar Wochen oder Monate nicht zu kommunizieren kann für einen jungen und weniger etablierten Künstler einen Knick in der Karriere bedeuten.

Vor allem die Story-Funktion verkürzte die Aufmerksamkeitsspanne der Menschen extrem. Die meisten halten nicht einmal 15 Sekunden durch, bevor es weitergeht.

Ein dickflüssiger Sirup an Information schüttet dem Nutzer Dopamin ins Gehirn und führt ihn tief in die Abhängigkeit.

Seit es Instagram-Storys gibt, ist unser Leben nicht mehr dasselbe. Denn wir posten, wo wir sind.

Fans kommen deshalb vorbei und posten, damit noch mehr Fans kommen. Und alles wird gefilmt.

Auf Konzerten sehen wir mehr Handys als Hände.

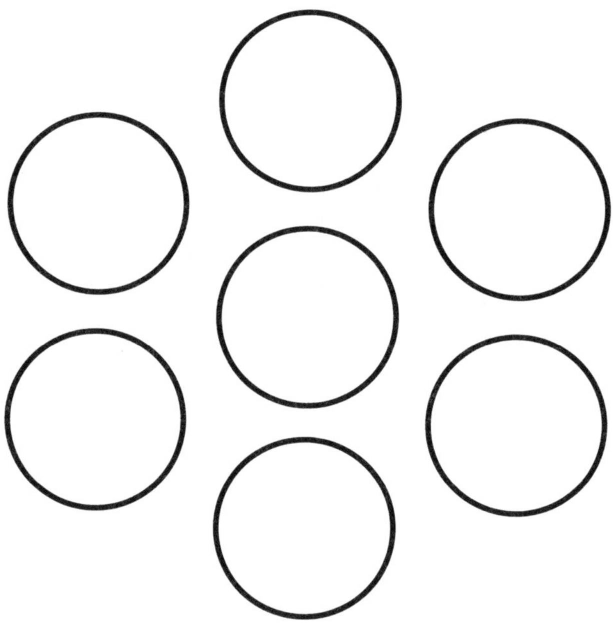

KAPITEL 19:

NIE OHNE MEIN TΞAM

Gemeinsame Arbeit funktioniert nur über Kompromisse. In der Zusammenarbeit mit Bonez musste ich lernen, meinen Perfektionismus zurückzuhalten. Nur so funktioniert es, wenn zwei Leader aufeinandertreffen und miteinander arbeiten wollen. Es ist unmöglich, dass jeder seinen Willen durchsetzt. Mir war wichtig, dass wir vorankommen und der Vibe passt.

Doch manche Differenzen blieben. Wir arbeiteten sieben Tage am Album, dann war Bonez eine Woche weg. Ich nutzte diese Zeit, um die Songs perfekt auszuproduzieren. Nach seiner Rückkehr spielte ich ihm alles vor, all die Songs, an denen ich eine Woche mit Hochdruck gearbeitet hattee und die für mich nun krass klangen.

„Und was meinst du?“, fragte ich ihn gespannt.

„Kannst du bitte die ganzen Effekte, Synthis und was weiß ich wieder löschen. Mach die Songs einfach wieder so, wie sie waren“, antwortete Bonez.

Letztendlich war Bonez die Arbeit mit JamBeatz gewohnt, auf einer veralteten Version von Cubase. Die Spuren wurden einzeln abgenommen und dann gebounced. Das war Technik aus dem vorigen Jahrzehnt.

Daher tat Bonez hier im Gegenzug dasselbe wie ich und vertraute mir in diesem Punkt.

Und auch wenn es anfangs für ihn ungewohnt war, überzeugte ich Bonez, das Autotune so einzusetzen, wie ich es tat.

Wir kamen trotz der Meinungsunterschiede schnell voran. Auch weil wir uns nicht in Details verloren. Die Beats, die uns der bei mir gesignte Produzent BeatAura schickte, wählten wir schnell aus, ohne lange zu diskutieren.

„Attackieren“, „Mörder“ und der Titeltrack „Palmen aus Plastik“ waren nach ein paar Tagen fertig.

Unser Zeitplan für das Album war erneut eng, aber wir waren verdammt schnell. Es fehlten noch zwei Songs – einer mit Features von Trettmann und einer mit MHD aus Paris, der aber immer noch nichts von sich hören ließ. Wir mussten vorbereitet sein, falls MHD abspringt, dachte ich mir. Ich packte „Nie ohne mein Team“ wieder aus. Bonez hatte ich meine Skizze des Songs bereits am Anfang der Zusammenarbeit vorgespielt, er mochte ihn aber nicht besonders und bat mich, ihn erst mal ganz nach hinten zu stellen.

Nun war die Idee, dass wir Maxwell auf dem Song featuren. Am geplanten Aufnahmetag kam Maxwell verballert ins Studio, und ich setzte mich mit ihm in die Küche und half ihm mit dem Feinschliff seines Parts, damit wir ihn aufnehmen konnten.

Auch mit Bonez war konzentriertes und durchgeplantes Arbeiten manchmal schwierig. Er hat ADHS, und das trieb ihn zur Rastlosigkeit.

Während der Produktion lag er oft mit seinen zwei Meter Länge auf einer viel zu kleinen Couch und spielte wie immer mit der

Kordel, mit der die Jalousien vor dem Fenster betätigt wurden. Stundenlang wippte er das Ding hin und her.

Einige Zeit später schnitt ich diese Kordel ab, ließ sie in Glas einrahmen und schenkte Bonez einen „Kordel Award“ als Andenken an die vielen Stunden auf unserer Couch. Über diesen Award hat er sich gefühlt mehr gefreut als über seine Platin-Platte.

Während wir „Ohne mein Team“ fertig aufnahmen, kam von der Couch, an der Kordel spielend, ein *„Der Song ist komplett albern“*.

„OK. Dann machen Maxwell und ich den Song einfach zusammen“, antwortete ich.

Ob das Sinn machte, Bonez wegzulassen, wusste ich allerdings auch nicht. Fakt ist: „Nie ohne mein Team“ sollte der Albumfüller werden, damit wir das Master rechtzeitig zum Label schicken konnten. Wir brauchten diesen Song, und es fehlten noch entscheidende Elemente.

Wir arbeiteten uns zur Hook vor. Ich stand in der Booth und rappte vor mich hin. *„Hamburg, Berlin, West-Wien.“* Wir freestylten irgendwas, in der Hoffnung, einen Treffer zu landen.

Bonez fühlte sich wie im falschen Film: *„Es wird immer alberner. Und es wird noch alberner, wenn ich in einem Song auf meinem eigenen Album nicht drauf bin.“*

„Hmm … Dann mach doch eine Bridge“, schlug ich ihm vor. Eine Bridge sind vier Takte vor der Hook.

Bonez nickte, setzte sich kurz auf und schrieb direkt los.
„Zu sechst im Mercedes, weil alle Jungs müssen mit. Ein bisschen Sekt für die Mädels. Und auf hundert ein Fick.“

Ich schüttelte gedanklich den Kopf und dachte mir: *„Jetzt wird der Song albern. Das ist doch einfach irgendwas.“*

Ohne großes Engagement nahm er die Bridge auf und freestylte noch ein Intro hinterher. Er lachte und verließ die Booth in Richtung Couch. Auf dem Tisch lag noch ein ganzer Haufen Koks.

Bonez sah mich an. *„Was ballern?“*, fragte er.

Ich schaute ihn wortlos an.
„Naja, es ist nach zwölf. Es ist 13.00 Uhr. Ist schon okay“, antwortete er.

Das war es. Er ging in die Kabine zurück, und die legendäre Bridge, die heute Zigtausende Fans in allen Clubs Deutschlands mitsingen, war im Kasten.

Dann sagen wir im Song noch ein paar Dinge in einer Fantasiesprache, und bis heute scheint das keinem aufgefallen zu sein.
„Ein Yallan, zwei Yallan"

Während andere Crews wochenlang nach ihrem Hit suchten, hatten wir den Song, der unser Leben verändern sollte, in der letzten Sekunde aufgenommen und auf unser Album gepackt.

DROGEN & TRENDS

Ein Trend ist das Symptom einer Gesellschaft im Wandel. Ein Indikator dafür, wie sich die Welt gerade fühlt. Gab es einen Krieg, will die Welt Frieden.

Dreht sich die Welt gelangweilt um ihre eigene Achse, wollen die Menschen Action. So entstehen Trends in der Kunst und in der Wirtschaft.

Der stärkste Indikator sind in meinen Augen jedoch die Drogen. Die Trends in der Musik und die Trends bei den Drogen verlaufen parallel.

Man kann die Entwicklung retrospektiv verfolgen wie die Jahresringe im Stamm eines Baumes.

Höre ich die Musik der 60er- und 70er-Jahre, höre ich das LSD zwischen den Strophen. Ich sehe das LSD in den Batik-Shirts und auf den psychedelischen Plattencovern. Musik war kreativ, unkommerziell und musste einen tieferen Sinn ergeben.

Ich wuchs mit der Musik der 80er- und 90er-Jahre auf. Es gab Grunge, Punk und Metal. Hiphop etablierte sich erst langsam als neue Musikrichtung.

Die grundlegende Aussage hinter den Songs war dieselbe. Die Jugend rebellierte. Heroin war in Mode.

Der 15. Bezirk war voller Junkies und die Musikindustrie ein Spiegel dieser Zeit.

Kurt Cobain, Alice in Chains, Red Hot Chili Peppers – alle waren auf Heroin. Sogar Falco sang: „Ganz Wien ist jetzt auf Heroin."

In den späten 90ern kam das Ecstasy. Euro-Trash und Dancefloor etablierten sich. Die Leute wollten tanzen und ihre Glücksgefühle ausleben. Genug von Depression, genug von Heroin und

Selbstmord.

Doktor Alban, DJ Bobo, Snap, Two Unlimited. Alle hatten ähnliche Aussagen: nichts. Es ging um Love, Sex und Dance. Alles passte perfekt zu Ecstasy.

In den ersten Jahren nach dem Millennium kam das Kokain stärker als jemals zuvor nach Europa.

50 Cent zerstörte mit „In The Club“ alles. Und ich kann mich erinnern, wie der Bezirk von Kokain und Speed überflutet wurde. In der Musik spiegelte sich das wider. Es gab wenig Atmosphäre. Sie war trocken und angespannt wie „This is how we do“ von 50 Cent & The Game.

Kokainersatz wie Crystal und MMC machten die Musik nicht entspannter, und so klang auch alles im ersten Jahrzehnt des neuen Millenniums.

Egal, ob in Deutschland oder weltweit.
Der Sound hatte kein Emotion.

Ab 2010 wurden MDMA und Codein Mainstream.

ASAP Mob statt G-Unit. Die Beats wurden dichter, atmosphärischer. Auch der Pop entwickelte sich in Richtung Ambient, Lana del Rey ist das beste Beispiel.

Der Trend etablierte sich in den nächsten Jahren weiter.

Bis er 2015 wieder für ein Revival des 90er-Jahre-Sounds sorgte. MDMA – so klang auch wieder die Musik. One Dance, French Montana und alle anderen.

Jetzt brechen wieder die düsteren Zeiten an. Xanax und Lean, kombiniert mit MDMA. Es gibt wieder viele Hits und viele Tote.

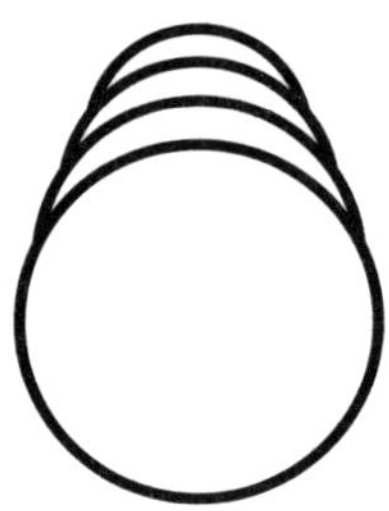

KAPITEL 20:

EINE TREPPE IN BARCELONA

Innerhalb von drei Wochen war das Album fertig. Eine unfassbar schnelle Zeit. Für mich war die Arbeit mit Bonez ein neues Gefühl. Den ganzen Prozess über war ich seltsam entspannt. Bonez hatte mir meine Leichtigkeit zurückgebracht, die mir lange gefehlt hatte. Meine Instagram-Postings wurden locker, ich war wieder näher bei mir.

Unser Vertrauen zueinander wuchs auch durch eine radikale Ehrlichkeit. Wir konnten uns keine Ausreden oder sonst etwas auftischen. Wir sprachen alle Probleme direkt und konkret an. Retrospektiv war das das Geheimnis unseres Erfolgs. Hätten wir diese Einstellung nicht gehabt, wäre nichts aus uns geworden.

Es vergeht wirklich kein Tag, an dem wir uns nicht hören.

Das geht auch geschäftlich nur in einer ehrlichen Partnerschaft. So legten wir den Grundstein für unser heutiges Imperium.

An Weihnachten nach „Palmen aus Plastik“ haben wir uns gegenseitig SMS geschickt und uns bedankt. Wir haben beide voneinander profitiert und sind durch unsere Freundschaft besser geworden. Wenn wir uns unterhalten, geht es nicht nur ums Geschäft. Wir besprechen alles, es geht viel um Musik, viel darum, wen wir gut oder peinlich finden, aber auch um Kindheitstraumata, Krankheiten, Beziehungen und Lebensfragen.

Nachdem das Album eingetütet war, ging es nun an das Thema Vermarktung und Promo. Für das Cover-Shooting flogen wir nach Barcelona. Wir kamen in der katalanischen Hauptstadt an und hatten keine Ahnung, was wir eigentlich machen sollten. Ähnlich wie beim Album verlief auch diese Phase ziemlich „gefreestyled“.

„RAF, du warst doch schon in Barca, wo können wir denn shooten?“, fragte mich Bonez.

Ich erinnerte mich an eine Treppe irgendwo am Strand, auf der ich bei meinem vorigen Aufenthalt öfter Texte geschrieben hatte.

„Ich kenne eine Treppe am Strand, lass da hingehen!", sagte ich.

Die mittlerweile legendäre Treppe Barcelonas war ein kleiner Betonklotz am Strand. Wir stellten uns dort auf, gerade in den Klamotten, die wir noch von der Reise anhatten, und Farido knipste ein paar Bilder und sagte: *„Naja, sieht scheiße aus."* Und fertig waren unsere offiziellen Bilder zum Album. *„Wir sehen aus wie zwei Trance-DJs"*, sagte Bonez und lachte.

Unsere Cover-Auswahl lief ähnlich ab. Ich hatte mir vor Jahren von einem englischen Tätowierer ein ziemlich improvisiertes Wappen der südfranzösischen Stadt Nimes stechen lassen. Es zeigt ein Krokodil unter Palmen. Bonez hatte dieses Tatoo von Anfang an geliebt und sich kurzerhand dasselbe stechen lassen. Da wir es beide hatten und es uns irgendwie verband, diente es als Vorlage für das Album-Cover.

Bobby Analog, der immer schon für die Grafik von Bonez zuständig war, unterlegte es mit einer grünen Krokodilhaut. Ohne viele Diskussionen entschieden wir, es dabei zu belassen. Niemand war groß begeistert, aber da alle damit zufrieden schienen, gab auch ich meinen Segen dazu.

So improvisiert liefen auch alle weiteren Aktionen in den Entstehungszeiten von „Palmen aus Plastik" ab. Wir konnten uns sogar einigen, als Bobby der kompletten Grafik des Albums einen pfirsich-rosa Farbstrich gegeben hatte. RAF Camora vor einem rosa Hintergrund?

„Rosa ist schon verdammt unmännlich", sagte ich zu Bonez.

„Wie kann denn eine Farbe unmännlich sein? Menschen geben einer Farbe eine Bedeutung. Und wir können alles, weil wir die Coolsten sind."

Also stand nun RAF Camora vor einer rosa eingefärbten Wand, aber es war mir seltsam gleichgültig. Ich vertraute auf die Entscheidungen von Bonez, außerdem wusste ich, dass noch viel auf uns zukommen würde.

Die Videodrehs waren immer pure Improvisation. Mein Videoregisseur Shaho arbeitete nie mit Skript, er musste das Set sehen. Wie „Monk", den man an einen Tatort bringt, war Shaho Casado am Set. Er sah die Welt durch seine Kamera und machte aus den kleinsten Möglichkeiten die krassesten Effekte. Er war der Inbegriff von „débrouillard".

Aus zwei Handys und einem stehenden Auto machte er durch seine Kamera eine hollywoodreife Kamerafahrt, und aus einem dampfenden Gullydeckel einen Special Effect. Irgendwie hatte ich manchmal das Gefühl, er kann in die Zukunft sehen, weil er immer, wenn etwas zufällig passierte, plötzlich die Kamera draufhielt.

Die erste Videoauskopplung sollte der Titeltrack zum Album werden. Bonez erinnerte sich an einige Palmen, die in St. Pauli am Europaplatz standen. Direkt am Kai, mit Blick auf den Hafen. Wir trommelten alle Jungs zusammen und wollten die ersten Takes drehen, als die Polizei mit fünf Mannschaftswagen, Rocker-Dezernat und allen möglichen Tricks ankam, um unsere Veranstaltung aufzulösen.

Als wir uns in erste Diskussionen mit der Polizei verstrickt hatten, rief Shaho nur, dass wir dringend weiter performen sollten. So entstanden die legendären Aufnahmen mit den Polizisten im Hintergrund. Warum wir das bis heute nicht löschen mussten, ist mir nach über 100 Millionen Views unklar. Vielleicht feierten sie den Song selbst zu sehr.

Wenig später kamen zwei 187-Fans mit ihren Motorrädern und drehten ein paar Runden. Shaho hielt drauf. Wir stiegen auf das Dach des Hauses eines Freundes mit Blick auf Hamburg und nahmen dort die letzten Takes auf. Das Video war binnen eines Tages im Kasten.

Bonez postete ein Bild des Drehs auf Instagram und schrieb darunter, dass er das Video sofort veröffentlichen würde, sobald das Bild 50.000 Likes erreicht.

Ein paar Stunden später saßen wir bei Trettmann im Studio, und Bonez stellte es online, weil ihm das Warten auf die 50.000 Likes einfach zu lange gedauert hatte. Auch wenn ich nicht immer den Sinn und Zweck hinter dieser Strategie sah, hatte Bonez ein tiefes Verständnis für alles.

Weil er einfach macht, was er macht, feiern ihn die Fans. So wurde 187 groß, und so entwickelte sich auch unser Dancehall-Projekt zu einem Hit.

Es war allerdings nicht so, dass alle uns von Anfang an unterstützt hatten. Mindestens 20 Prozent der Fans waren nicht begeistert von dieser Veränderung und dem riesigen kommerziellen Erfolg. Sie warfen mir die Zerstörung der Strassenbande vor.

Ich erinnere mich an eine spätere, gemeinsame Autogrammstunde, bei der ein kleines, dickes Mädchen in Tränen ausbrach, nachdem ich ihr T-Shirt signieren wollte. *„Du hast 187 zerstört"*, schrie sie tränenüberströmt und riss mir den Stift aus der Hand.

Zurück zum Thema:

Wir saßen immer noch bei Trettmann im Kreuzberger Studio und konnten uns nicht von unseren Handys lösen. Das Video wurde veröffentlicht. Erstmals teilten wir etwas aus diesem Projekt mit der Öffentlichkeit. Nervös saßen wir auf dem Sofa und ließen den Daumen den View-Counter alle drei Sekunden aktualisieren. Langsam tröpfelten die Views und Kommentare ein. Viel zu langsam für unsere Erwartungen. Eine Release-Bombe war das nicht.

Etwas desillusioniert fuhr ich am Abend nach Hause. Nach wenigen Stunden offline wanderte der Blick am Morgen gleich wieder aufs Smartphone.

Es entwickelte sich. Ich konnte ein Feuer spüren. Plötzlich tauchte das Video in allen Foren auf. Die Zahl unter dem Video begann sich schneller zu ändern. Alle paar Stunden war es eine Ziffer mehr. Aus 10.000 wurden 100.000. Aus 100.000 eine Million.

Ich lief in die Küche, machte mir einen Espresso und blickte aus dem Fenster.

Ich konnte nicht ahnen, dass ich an diesem Morgen das „Palmen aus Plastik"-Flugzeug betreten hatte und es jeden Moment starten würde.

KAPITEL 21:
MÖRDER

Damals waren wir am Splash! gebucht. Haftbefehl und Xatar mit Coup die Nummer 1 und der absolute Headliner. Wir waren der Opener am Nachmittag.

Wir mussten uns also etwas einfallen lassen, wenn wir irgendwie für Aufsehen sorgen wollten. Ich erinnerte mich an einen Move von Bushido aus dem Jahr 2003. Sein Label Aggro Berlin schaffte es damals mit Flyern, die mit Bushidos Auftrittstermin und dem Spruch „Splash! ist jetzt Ghetto, du Nutte“ bedruckt waren, eine Menge Leute zu dem damaligen Newcomer vor die Bühne zu bekommen. Wir ließen 15.000 Snippets von „Palmen aus Plastik“ in Tschechien produzieren und verteilten sie unter den Fans. Es funktionierte. Überall am Zeltplatz hörte man unsere Gratis-Snippets, und wir hatten ein top-motiviertes Publikum schon am Nachmittag.

Abends saßen wir im Backstage-Zelt vom Splash!. Ich spürte durch das Verhalten der anderen Künstler und Manager uns gegenüber, dass wir langsam zu einer großen Nummer wurden. Auch Maxwell schien etwas zu spüren. Er saß mit einem Hamburger Freund in der Lounge und führte ausgelassen Konversation.

„Digga, wir spielen bald Frauenfeld!“

„Was ist das denn?“, antwortete ihm sein betrunkener Freund.

„Digga, kennst du das Frauenfeld nicht?“, rief ihm Maxwell, nachts Sonnenbrille tragend und Wodka trinkend, zu.

„Digga Maxwell, du weißt doch selbst nicht, was das Frauenfeld ist.“

„Stimmt, Digga!“, lachte Maxwell laut.

Ich merkte, dass auch die Jungs keine Ahnung hatten, was noch auf sie zukommen würde.

Der enge Zeitplan sorgte dafür, dass wir uns direkt nach dem Splash! auf den Weg nach Bosnien, genauer nach Zenica, machten, um dort das Video zu „Mörder“ zu drehen. Wir hatten diese Stadt ausgewählt, weil viele meiner Wiener Jungs aus der Ecke waren und dort Dinge organisieren konnten. Es sollte wie ein großes Treffen werden. Denn dort traf zum ersten Mal die Hamburger Strassenbande auf meine Wiener Ekipa.

Ich war mir sicher, dass alles gut funktionieren würde. Echt erkennt Echt. GZUZ meinte zu mir: *„Krass, RAF. Du bist immer noch mit deinen Jungs von früher unterwegs. Ich konnte dich früher nie richtig* *einschätzen.*" Meine Jungs waren erstaunt, wie sehr die Hamburger trotz des Erfolgs auf dem Boden geblieben waren. Der Ehrenkodex war der gleiche. Die Jungs begegneten sich höflich und zuvorkommend. Zigaretten, Essen – alles wurde brüderlich geteilt. Keiner spielte sich als Star auf.

In Zenica nahm das Leben einen anderen Rhythmus.

Uns wurden von einem Kontakt ein Haufen Waffen, 100 Hooligans und das beste Hotel versprochen. Am Ende waren wir in einem Block untergebracht, in dem es eine Couch gab, auf der GZUZ und Maxwell schliefen. Shaho Casado, Bonez und ich teilten uns das Doppelbett. Der Rest schlief auf dem Boden. Niemand der 187-Leute beschwerte sich über die Situation. Jeder war zufrieden. Maxwell und GZUZ tranken Rakja und sangen Jugo-Lieder mit, die sie nicht kannten.

Wir waren mit ein paar der örtlichen Hooligans verabredet.

Doch wenn die Leute in Bosnien sagen, sie kommen um vier, dann heißt das irgendwann im Laufe des späten Nachmittags, aber mindestens zwei Stunden später als verabredet.

Also standen wir auf der Straße und warteten. Als sie dann letztendlich in einem Lieferwagen um die Ecke kamen, ging die Sonne gerade unter, GZUZ und Maxwell waren verschollen, der Rest war Eis essen oder sich gefälschte Schuhe kaufen. Und es war mein Job, alle zusammenzuhalten.

Shaho kam mit der Idee, einen Roller auf einem Hochhausdach zu filmen, was natürlich komplett unrealistisch für alle Anwesenden war. Doch Shaho ließ nicht locker, und da Bonez weder Ja noch Nein dazu sagte, organisierte mein Freund Agic einen Hochhausblock, in dessen Aufzug ein Roller passte.

Als Shaho außerdem auf der Straße Drohnen-Shots drehte, wurde er von Kindern, aus den Fenstern lachend, mit faulen Feigen beworfen. Shaho tat uns leid, aber es war ein sehr lustiger Anblick, wie er fluchend seine Drohne steuerte.

Mit Waffen ein Video zu drehen war auch nicht ungefährlich. Zu der Zeit wimmelte es nämlich in diesem Teil Bosniens von Europäern, die in ISIS-Camps in den Bergen für den Krieg in Syrien trainiert wurden – und die alle so aussahen wie wir.

Das war verdammt schlechtes Timing für unseren „Mörder"-Videoclip. Normalerweise wird dort bei jeder Hochzeit geschossen. Jeder Mann in Bosnien hat irgendwo eine Kalaschnikow rumliegen. Diesmal aber war der Staat strenger, vor allem wenn es um Waffen ging.

Als wir alle wieder zusammengetrommelt hatten, standen wir dann in der Dämmerung in einer Gasse und drehten.

Bonez hatte fünf Küchenmesser für den Wolverine-Style. Hanybal, ein befreundeter Rapper aus Frankfurt, der uns auf dem Trip begleitete, um Szenen für unser gemeinsames Feature „Attackieren" zu drehen, hatte zwei Patronen in der Hand, die wir irgendwo gefunden hatten.

Als wir langsam warm wurden, hielt hinter uns ein Streifenwagen und versperrte den Eingang zur Gasse. Die Polizisten fragten, was zum Teufel wir da machen würden. Sale versuchte die Situation zu retten. *„Wir drehen hier ein Video"*, sagte er mit serbischem Akzent.

Der Polizist wiederholte seine Frage und betonte dabei jede Silbe.

„Was.zum.Teufel.macht.ihr.hier?"

„Wir drehen ein …", versuchte Sale zu erklären und wurde direkt unterbrochen.

„Könnt ihr in Deutschland mit Messern und Masken rausgehen wie Clowns?"

Sale ist Serbe. Die Polizisten erkannten seinen Dialekt. Es entspannte die Situation nicht. Für die Polizisten muss das ein seltsames Bild gewesen sein.

Wir waren zwei Araber, ein Serbe, zwei Deutsche, ein Roma, ein Italiener, ein Schwarzer – ein zusammengewürfelter Haufen.

„Alle in den Wagen! Aijde!", rief der Polizist.

Agic vermittelte, so gut er konnte, zückte das Telefon und schaffte es nur mit viel Connections, uns vor der bosnischen Justiz zu bewahren.

Nach diesem Erlebnis ließen wir es gut sein und gingen zurück in unser „Luxushotel". Letztendlich hatten wir genug Aufnahmen für das Musikvideo, und Shaho war zuversichtlich, dass er auch hier wieder etwas schaffen konnte.

Am Abend beschlossen wir, dass wir auf dem Rückweg über Kroatien fahren könnten, um dort noch ein weiteres Video zu „Ohne mein Team" zu drehen. Einen Plan gab es aber auch hier nicht. Wir sind also auf dem Rückweg an irgendeinem Strand stehen geblieben, haben die Kamera ausgepackt und einen Abend dort verbracht. Maxwell hat seinen berühmten Rückwärtssalto gemacht, der dann auch im Video gelandet ist.

Am nächsten Tag kamen wir in Wien an und organisierten auf Tolus Dach im 15. Bezirk eine Rooftop-Party, um dort ein Video zu drehen.

Neben dem Dreh erinnere ich mich vor allem an ein Gespräch mit GZUZ auf diesem Dach.

GZUZ war Bonez' bester Freund und sein Partner. Plötzlich war ich da, der zumindest für dieses Projekt quasi an der Seite von Bonez seinen Part übernommen hatte. Wir saßen dort herum, und er sagte zu mir: „*Weißt du, wenn die Leute über 2016 sprechen werden, dann werden sie sagen, dass es unser Jahr war!*" Ich nickte nur und dachte mir: „*Klar, es wird euer Jahr gewesen sein.*"

Ich sah mich als einen Feature-Artist. Aber er hatte auch mich gemeint, da er mich komplett akzeptierte.

Bonez war der Kopf von 187. Ich wurde als sein Manager irgendwie der Consigliere von Bonez, aber habe versucht, das nicht auf die anderen zu übertragen.

Ich rechne es den Jungs so hoch an, dass sie es mir leicht gemacht haben, meine Rolle und meinen Part in ihrem Gefüge zu finden. Shaho kam nach dem Gespräch mit GZUZ auf mich zu mit ernster Miene.

„RAF, die haben hier keine Anlage und keine Boxen. Wir können hier null Musik laufen lassen für das Video!", sagte Shaho zu mir.

„Fuck, dann spiel ich ihn über mein Handy ab, dass ich zumindest lippensynchron bin", antwortete ich.

Doch auch der Akku war irgendwann leer.

Wir hatten keine Musik, 15 noch nüchterne Frauen saßen in der einen Ecke. Und noch einmal so viele Jungs, die auch keine Ahnung hatten, was ihr Auftrag war.

Shaho motivierte uns und trommelte uns zusammen, und die beiden Gruppen mischten sich für zehn Minuten, und wir taten so, als wäre gerade eine Party am Laufen. Dann merkten wir: Da es sonst nichts gab, brauchten wir einfach verdammt viel Alkohol. Wir schickten einen Freund zur Tankstelle, und er kam mit fünf Tüten zurück, damit alle auch wirklich betrunken waren und sich die Situation entspannte. Plötzlich stieg die Party auch ohne Musik.

Shaho wollte wieder ein Moped am Dach, das wir fanden und raufbrachten. Und eine Poolparty wäre auch eine gute Sache, meinte er.

Wir organisierten einen aufblasbaren Pool, füllten ihn zur Hälfte mit Wasser, und Maxwell tanzte mit einer der twerkenden, betrunkenen Frauen im kalten Wasser. Das war das Highlight.

Unsere Party auf dem Dach hatten auch diverse Mitbewohner an den angrenzenden Häusern mitbekommen, und die Polizei kam relativ schnell und warf uns direkt vom Dach, aber ohne Anzeige, denn sie waren Fans. Was für eine Party.

Wir veröffentlichten das Video zu „Mörder", und es knallte gewaltig. „Palmen aus Plastik" hatte in wenigen Wochen auch alle 187-Videos eingeholt. Wir spürten, dass etwas geht. Drei Tage vor dem Album-Release veröffentlichten wir „Nie ohne mein Team". Kurz darauf bekam ich ein Video aus dem Münchner P1 zugespielt. Dort tanzten die Schnösel in ihren pastellfarbenen Hemden mit ihren Snob-Weibern auf den Tischen zu meiner Musik. Da wurde mir zum ersten Mal bewusst: Wir haben einen Hit.

KAPITEL 22:

ECSTASY

Ich fühlte mich im Sommer des Jahres 2016 wie auf einem Ecstasy, dessen Wirkung einfach nicht nachlassen wollte. Um mich explodierte alles. Ich war 32 Jahre alt, war schon x-mal abgeschrieben worden und hatte es unglaublicherweise doch noch geschafft. Ich erlebte den Hype meines Lebens. Bonez und ich trafen uns, nachdem wir auf Platz 1 der deutschen Charts gelandet waren, auf der Treppe in Barcelona, um zu feiern. Dort, wo alles losgegangen war. Ich kam dort mit dem Award unter dem Arm bei der Treppe an.
„Krass, wir haben es geschafft."

Doch der Erfolg bekam auch erste Schatten. Am selben Tag bekam Anna eine anonyme Nachricht über Facebook. Verrückte Stalker-Fans hatten sie ausfindig gemacht und versuchten uns zu trennen. Es war der Beginn eines hässlichen Kapitels des Stalking, das in Zukunft immer stärker werden sollte.

Ich war mir nicht mehr sicher, ob ich es weiterhin unter einen Hut bekommen würde: eine normale Beziehung, ein normales Leben mit Freundin, Haus und Hund.

Auf der anderen war da das Starleben. Wir waren die ersten Rapper, die plötzlich auch von Frauen gefeiert wurden. Bei meinen Solokonzerten lag die Frauenquote vielleicht bei fünf Prozent. Bei 187 waren es vielleicht zwei. Jetzt war die ganze Halle voll von ihnen. Frauen liefen uns hinterher. Sie waren überall. Sie hätten alles für uns gemacht. Diese Situation hat mich überfordert. Ich hatte meine Frau fürs Leben aber schon gefunden. Jetzt wurde ich in Villen mit gigantischen Poolanlagen zu den wildesten Partys eingeladen. Und überall waren Models. Es war mir nicht mehr klar, wohin ich mich bewegen sollte.

Es war nun so weit: Das war also der erste Tribut des Raben, den der Erfolg einforderte. Einerseits waren großes Glück und große Euphorie in mir, andererseits spürte ich, dass ich einen wichtigen Teil in mir verlieren würde. Und die Konsequenzen dieses Verlustes konnte ich noch nicht abschätzen. Ich wurde immer bekannter, und um mich sammelten sich immer mehr Leute, die diesen „Ohne mein Team"-Lifestyle mit mir leben wollten. Mir hat es auch gefallen. Ich hatte sie gern um mich. Meine alten Freunde von früher konnte ich auf die Bildfläche heben. Nicht nur ich wollte glänzen, sondern ich wollte, dass mein ganzer Bezirk glänzt.

Ich hatte das erste Mal das Gefühl, dass ich Wien auf die Landkarte heben konnte. Das hatte es zuvor im Hiphop nicht gegeben. Vielleicht bei Falco in den 80ern. Hunderttausende Deutsche riefen „West-Wien".

Einige Zeit später bekam ich einen Anruf von Ronny. „Palmen aus Plastik" ging stetig auf Goldstatus. Ich stand vor Bonez und sagte ihm: *„Bonez, wir können uns eine Goldplatte pressen lassen."*
Ich war begeistert.

„Wozu brauchen wir das?", schaute mich Bonez fragend an.

„Naja, um zu zeigen, was wir verkauft haben."

„Das wissen wir doch. Dafür brauchen wir kein Symbol."

Er bremste meine Euphorie ein bisschen. Ich wusste nicht, was ich sagen sollte.

„Lass uns lieber was Persönliches machen", sagte Bonez nach einer kurzen Pause. Darauf haben wir uns unsere Palmen-Goldringe anfertigen lassen.

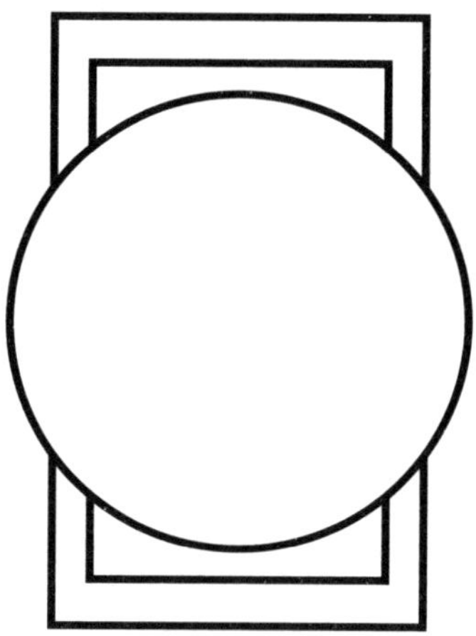

KAPITEL 23:

PASS NICHT INS BILD

Es wurde langsam Herbst, und wir räumten im großem Stil ab. Gold für die Singles, und auch das Album stand kurz vor 80.000 verkauften Einheiten. Das ist nicht irgendetwas. 2016 passierte noch relativ viel über physische Tonträger, nicht wie heute über Streaming. Wir hatten tatsächlich fast 80.000 CDs verkauft. Ein paar wenige tausend fehlten noch, um die magische 100.000er-Grenze zu überschreiten.

Ich fragte mich: Wie kann ich dem Teil den letzten Kick geben und es auf Gold pushen? Ich wusste, dass Verkäufe von Live-Alben zu den normalen Absätzen des Studio-Albums zählen. Das kannte ich von einigen anderen Künstlern. Ein Live-Album fand ich aber albern, weil es doch ziemlich genau der gleiche Sound war. Wir spielten damals nicht mit einer Band. Zudem waren wir live nie komplett nüchtern und klangen oft etwas schief.

Also suchte ich nach einer anderen Möglichkeit. Die beste Idee kam mir dann, weil Leute aus meinem Umfeld ständig Witze machten. „Steine aus Plastik“, „Häuser aus Plastik“ – was auch immer ihnen gerade dazu einfiel. Weihnachten nahte. Also wollte ich eine Weihnachtsausgabe produzieren: „Tannen aus Plastik“. Maxwell ging zu der Zeit in seinem Afro-Trap so richtig auf. Deshalb wollten wir eine EP mit ihm auf den Markt bringen, das alles mischen mit einer 187-EP und ein paar Songs im „Palmen aus Plastik“-Style, das alles in eine Box packen zusammen mit den „Palmen aus Plastik“-Tracks, und die Box nannten wir „Tannen aus Plastik“-Weihnachtsedition.

Mein Plan funktionierte. Von der „Tannen aus Plastik“-Box verkauften wir sofort über 20.000 Stück, und die Gold-Grenze war geknackt. Unser Album hatte Gold-Status. Ein unfassbares Gefühl.

Dazu hatten wir noch Glück, dass unter den fünf neuen Songs, die wir aufgenommen hatten, auch noch ein weiterer Hit war namens „Palmen aus Gold“.

Leider wurde das passende Video sofort für alle unter 18-Jährigen auf YouTube gesperrt. Für das Video hatten wir uns eine Hotelsuite gemietet und mit zehn Prostituierten Pizza gegessen. Zudem krabbelte ein Krokodil durch einen goldenen Raum. Wir verloren bei dem Dreh auch einen Raben, was mir persönlich sehr leid tat.

Shaho Casado wollte, dass ich in einem Cabrio mit offenem Verdeck durch die Gegend fahre und einen Raben auf meiner Schulter habe.

Nicht unsere beste Idee.

Der Rabe spreizte beim Anfahren die Flügel und wurde nie wieder gesehen. Weil das Video gesperrt worden war, mussten wir nun noch ein weiteres drehen, um die Box weiter zu pushen. Wir entschieden uns für „An ihnen vorbei". Wir hatten dafür genau einen Tag Zeit an einem Off-Day und fuhren dafür in die französische Schweiz. Da auf Tour die anderen 187er dabei waren, kamen alle einfach mit, auch wenn keiner auf dem Song gefeatured war.

Da standen wir nun, mitten in den Bergen, bei –10 Grad. Ohne Winterkleidung, ohne alles. Shaho wollte unbedingt auf dem Gipfel drehen, an einer Hängebrücke, aber der Weg hoch dauerte ewig. Wir verbrachten fast den ganzen Tag nur mit der Anreise.

Wir waren so spät dran, dass wir erst mit den letzten Sonnenstrahlen mit dem Dreh anfingen. Wir standen in Jogginghosen auf dem Gipfel eines Berges und auf dieser Brücke und froren.

Zum Abschluss übernachteten wir in einer holzigen Jugendherberge in Stockbetten. Auch von dort haben wir ein paar Szenen mitgenommen. Die fehlende obligatorische Partyszene haben wir kurzerhand dort gedreht – mit einer Flasche Sekt, nach der anschließend das ganze Zimmer stank. Nach einer kurzen Nacht in den wackligen Stockbetten auf stinkenden Matratzen ging es am nächsten Tag direkt zu einer Preisverleihung – der „1Live Krone".

Die „1Live Krone" ist eines der wichtigsten Events für die Musikindustrie in ganz Deutschland. Dass wir dort nominiert waren, hatte schon etwas zu bedeuten. Wir waren der Albtraum für alle Anwesenden, vom Security bis zum Musikmanager.

Ronny stand schon vor der Eventhalle und sah nervös auf die Uhr. Ich war zwar die ganze Zeit mit ihm per Handy in Kontakt und versicherte ihm, dass wir es irgendwie schaffen, rechtzeitig zu kommen, aber er wusste auch, dass ich nicht allein war, sondern dass alle Jungs dabei waren.

Dann standen wir vor ihm. Wir kamen direkt aus den Bergen und hatten neben einigen Stunden Zugfahrt noch die Nacht in der Jugendherberge in den Knochen. Unsere Klamotten waren zerknittert und dreckig. Wir sahen aus wie vom Campingplatz.

Ronny blieb gelassen. Vermutlich, weil er wusste, dass er jetzt eh nicht mehr viel ändern konnte.

„*Hallo, Jungs. Super, ihr habt's geschafft. Tut mir bitte einen Gefallen und hört mal zu. Hier kommen jetzt gleich zwei Limousinen, die uns zum roten Teppich bringen. Eine ist für die Künstler, die andere für das Management. Wir teilen uns also auf und fahren dann rüber*", erklärte Ronny.

Als die Limousinen kamen, hatten das alle schon wieder vergessen. Die eine Hälfte der 187er quetschte sich direkt in die Management-Limousine und war weg. Zudem entdeckten Bonez und ich, dass GZUZ fehlte. Die Künstler-Limousine fuhr los und pendelte nun ständig zwischen dem Backstage-Bereich, wo wir standen, und dem roten Teppich hin und her – aber ohne uns.

„*Wo ist GZUZ, RAF?*", schaute Ronny mich nervös an.

Zehn Minuten vergingen. Kein GZUZ. Der Limousinenfahrer schaute uns bei jedem Stop fragend an.

„*Yo!*", rief es plötzlich hinter uns. Es war GZUZ.

Er kam mit einer Footlocker-Tüte unter dem Arm angestapft.

„*Super, dann können wir ja jetzt auch losfahren*", sagte Ronny und winkte dem Fahrer.

Wir stiegen gemeinsam in die Limousine und ließen uns zum Eingang mit dem roten Teppich chauffieren. Es war wie im Film. Die Türen wurden geöffnet, Blitzlichtgewitter, und wir stiegen wie Stars aus – zumindest für einen kurzen Moment. Ich hörte etwas Metallisches auf den Boden fallen.

„Mein Handy", rief Bonez. Bonez war beim Aussteigen sein Smartphone aus der Hose gerutscht und direkt unter die Limousine gefallen. Ich musste innerlich lachen. Wir waren bei einer der größten Musikveranstaltungen Deutschlands und suchten ein Handy unter dem Auto.

Bonez fand es schließlich. Wir standen auf und gingen über den roten Teppich. Bonez war sichtlich genervt.

Ein sowieso schon peinlicher Reporter kam auf Bonez zu und stellte ihm eine freche, dumme Frage zu einem ungünstigen Zeitpunkt.

„Halt dein Maul, du Hundesohn", war Bonez' Antwort, und wir gingen gemeinsam mit den anderen zum Eingang, GZUZ lief neben Bonez und hatte noch seine Plastiktüte in der Hand.

Baba Auftritt, dachte ich mir und folgte den Jungs in die Halle.

Drinnen ging die Show dann weiter. Bonez und ich saßen als Nominierte etwas abseits und konnten beobachten, dass aus der Ecke, in der die 187er-Jungs als Gäste saßen, große Rauchschwaden in den Saal zogen. Sie drehten einen Joint nach dem anderen und brüllten bei den einzelnen Kategorien die Namen der Gewinner. Dann kam unsere Kategorie.

„Der Gewinner des Preises ‚Bester Hiphop Act national' ist … RAF Camora & Bonez MC!"

Bonez und ich flippten aus. Aus der „187er-Ecke" kamen ein Gegröle und laute „187"-Rufe.

Wir holten uns den Preis ab, die Jungs stürmten ebenfalls die Bühne, und wir feierten mit einer Flasche Yamazaki.

Auf der Aftershow-Party blieben wir nicht lange, tranken und spielten wir mit der Trophäe Fußball. Beat Gottwald, der Manager von K.I.Z., kam am nächsten Morgen zu meinem Tisch. Er hatte meinen Werdegang verfolgt und kannte mich bereits aus meiner Zeit als Vorgruppe von K.I.Z.

„RAF, gerade du weißt ganz genau, was es bedeutet, sich so etwas zu erarbeiten. Das ist doch respektlos, auch dir selbst gegenüber."

Irgendwie wusste ich, dass er recht hatte, aber in dem Moment war es mir egal. Ich fühlte mich immer noch, als wäre ich auf Ecstasy.

NTM

KAPITEL 24:

TEAM PLATIN

Doch wie es auch bei Drogen so ist, fing mein Körper an zu rebellieren. Es kam schleichend, aber er spielte so langsam nicht mehr mit. Ich saß in Barcelona und schrieb an Songs für mein Soloalbum „Anthrazit“, als ich krank wurde. Erst war es eine Erkältung, dann kam der Husten, und er ging einfach nicht mehr weg. Die Beschwerden sollten mich in den kommenden Jahren nicht mehr loslassen. Gefühlt war ich von 2017 bis 2019 ständig angeschlagen. Ich spürte langsam, wie mich der Erfolg und seine ganzen Nebenerscheinungen belasteten. Wir waren mit „Palmen aus Plastik“ zwar sehr erfolgreich. Aber in mir hatte weiterhin das Gefühl Bestand, dass es eher der Erfolg von Bonez und 187 war. Ich spürte, wie die Leute nur darauf warteten, dass ich mit meinem Soloprojekt wieder auf Normalgröße schrumpfen würde. Diese Erwartungshaltung prophezeiten mir die Leute aus der Industrie, und ich glaubte es ihnen auch selbst.

Noch war der Hype aber längst nicht vorbei. Als ich wieder auf unserer Treppe saß und den von der Sonne erhitzten Beton unter mir spürte, kam mir eine Idee. „Ohne mein Team“ hatte mittlerweile Platinstatus erreicht. Wir hatten den Song über 200.000 Mal verkauft. Ich wollte eine Kleidermarke entwickeln, die ich „Team Platin“ nennen wollte. Dazu sollte es einen Song und ein Video geben, in dem wir die Marke präsentieren. Das ist heute vielleicht absoluter Standard geworden. Aber damals war es ein krasser Move.

Ich wählte den Song „Kontrollieren“ von meinem kommenden Album aus, denn ich wusste, dass ich damit eine starke Single auf dem Album haben würde.

Der Song sollte ein direkter Nachfolger von „Ohne mein Team“ werden und an den Erfolg anknüpfen. GZUZ und Maxwell waren auch als Feature-Gäste mit dabei, was wieder unser „Team“-Thema aufgriff. Der Song stand also.

Ich überlegte mir nun ein Konzept für das Video und dachte, dass wir uns sicherlich gut in Japan machen würden. Die japanische Mentalität und jene der Strassenbande passen nicht einmal in irgendeinem Detail auch nur ansatzweise zueinander. Umso besser für das Video.

Ich sprach mit Bonez, der die Videoidee ebenfalls gut fand, und wir schauten direkt nach Flügen, um das Video schnellstmöglich zu drehen – natürlich wieder mit Shaho. Bis auf mich war der Rest der Bande allerdings gerade in Brasilien und drehte für Maxwells Album.

Ein paar Tage später war es dann so weit: Ich kam aus Barcelona und die Jungs aus Rio. Wir trafen uns direkt am Frankfurter Flughafen, von wo aus wir nach Tokio fliegen wollten.

Für die Jungs war dieser schnelle Wechsel zwischen zwei Welten ein ziemlicher Kulturschock. Sie kamen aus dem kompletten Highlife. In ihrer gemieteten Villa gab es Nutten, Kokain, Gras und Baile-Funk. Jetzt ging es für sie von den 30 Grad am Zuckerhut über Frankfurt in das verklemmte und reservierte Tokio.

Gerade am Flughafen Tokio-Narita angekommen, fragten Maxwell und GZUZ erst einmal nach Weed.

Japan ist ein sehr striktes Land, und es gibt keinen Unterschied zwischen weichen und harten Drogen – Weed, Koks, MDMA, Heroin –, für alles gibt es die gleichen miesen Strafen. Ich sagte ihnen, dass in Japan das Gramm 50 Euro kostet und der Besitz einen bis zu fünf Jahre ins Gefängnis bringt. Egal, ob Rap-Star in Deutschland oder nicht. Den beiden fielen die Augen aus dem Kopf.

„*Jungs, kein Problem*", sagte Bonez, der zum Glück etwas geschmuggelt hatte. Trotzdem wurde es für die Jungs kein großer Spaß.

Wir hatten im Vorfeld ein Airbnb-Apartment gebucht, und die Fotos sahen echt gut aus.

Als wir die Tür öffneten, betraten wir das Apartment – vielleicht 15 qm, ein kleines Bad, das wars. Kein Vergleich zur Villa in Rio.

Wie immer hatte ich Respekt vor den Jungs, denn keiner beschwerte sich, für alle war es okay. Warum wir nicht in ein gutes Hotel gegangen sind, frage ich mich heute noch. Uns allen ging es finanziell eigentlich schon ganz gut, aber keiner legte Wert auf Luxus. Das schätze ich bis heute an ihnen.

Maxwell hatte ich versprochen, dass er in Japan die Zeit seines Lebens haben würde. Als Halbschwarzer würden ihm die Frauen nur so hinterherrennen. Er hatte das ernst genommen und sich mit einer bunten Strähne als Mission gesteckt, Japanerinnen zu klären.

Wir fuhren mit der Yamanote Line von Shibuya nach Shinjuku, um dort in einen Stripclub zu gehen.

Auf den Straßen in Kabuki-Cho gibt es Typen in Anzügen, die einem sagten, wo man hin muss. Sie hatten Mappen mit Bildern von gephotoshoppten Frauen dabei. Die meisten waren sofort nervös, sobald wir anfingen, etwas zu fragen. Einer half uns dann doch weiter, und führte uns in eine Seitenstraße.

Wie ein Stripclub wirkte das Ganze aber eher nicht, eher wie ein heruntergekommenes Krankenhaus. Vor uns war ein langer Raum, in dem einzelne Areale per Krankenhausvorhang abgetrennt waren.

„Ey, RAF, was ist denn hier los? Wird hier hinter dem Vorhang gefickt oder wie", rief Maxwell lauthals lachend zu mir rüber.

Ich zuckte mit den Schultern.

Hinter den Vorhängen ging aufgeregtes japanisches Gerede los – kleine, verängstigte Frauen schauten hinter den Vorhängen hervor und beteten offensichtlich, dass wir keine Kundschaft werden. Die Nummer war eklig. Wir entschieden uns, unsere Suche nach einem Club fortzusetzen.

Wir fuhren nach Roppongi, wo ich ein paar gute Clubs kannte. Es wurde einer der krassesten Abende überhaupt, dabei hatte ich auf Tour schon echt viel gesehen.

Maxwell, GZUZ und ich wollten den Japanern das Wodkatrinken beibringen. Und als neben uns ein japanischer Rapstar seinen Tisch bekam, geriet es außer Kontrolle. Wir hatten innerhalb von einer Stunde nicht nur uns, sondern auch Dutzende Gäste abgeschossen. In der Mitte des Clubs tanzten zwei Gogo-Tänzerinnen auf einer kleinen Bühne. Ich weiß nicht, woher die beiden plötzlich Klebeband hatten, aber im nächsten Moment sprangen Maxwell und GZUZ auf die Bühne und fingen an, die Tänzerinnen mit dem Klebeband zusammenzukleben – das laute Gelache der beiden hört man sogar im Video.

Der Wodka floss in Strömen, und auch ich hatte einen meiner schlimmsten Abstürze. In meinem Kopf sind nur noch Fetzen von Erinnerungen.

Ich, auf der Bar mit einer Stripperin, bedrohe einen Typ, der einen Cowboyhut trägt. Randale auf den Straßen Shibuyas. Bonez mit einem monströsen Joint, direkt auf der Straße. Japaner, die starren, als hätten sie Aliens gesehen. Maxwell und GZUZ im McDonalds in der Nähe von der Hachiko-Statue – hinter dem Tresen, mit zwei Mitarbeitern im Schwitzkasten. Blackout.

Mein iPhone vibriert. Ich öffne die Augen. Ich liege in unserem Apartment im Badezimmer auf dem Boden, die anderen schlafen ihren Rausch aus. Ich zähle schnell alle durch. „Okay, Bombe. Alle da, keine Verluste", denke ich mir. Ich öffne die Balkontür des Apartments, um etwas Luft hereinzulassen. Ich nahm mir eine japanische Seven-Stars-Zigarette und blickte mit kleinen Augen aus dem 30. Stock auf Tokio.

Die Metropole war für mich schon immer ein absoluter Traum. Dieser ganze Akira-Vibe. In den folgenden Tagen zeigte ich den Jungs mein Tokio, aber wie erwartet stieß es nicht gerade auf Gegenliebe. Wir fokussierten uns also auf das Video.

Von meinen vergangenen Besuchen hatte ich noch immer Kontakt zu Sonny, einem Amerikaner, der vor Ort in Tokio lebte und auch Videos drehte. Wir wollten Frauen, Autos und Shots von der Stadt, und er brachte uns mit den richtigen Leuten zusammen, die uns die Frauen und Sportwagen besorgten – womöglich von der Yakuza.

Auch hier hatten wir wieder keine Drehgenehmigung. Wir klärten alles freestyle. Wir liefen durch Shibuya, hatten die Platinplatten dabei und hielten sie in die Kamera. Wir kletterten auf ein Dach und filmten Bonez mit dem Tokyo Tower im Hintergrund. Die Autos bestellten wir direkt dorthin und drehten drauflos, ohne dass uns irgendjemand aufhielt.

Zum Abschluss wollten wir aber auch noch ein paar Drohnenbilder über Tokio, was eigentlich unmöglich ist. Das gesamte Stadtgebiet ist eine „No Fly Zone", und neben einer hohen Strafe kann eine herabfallende Drohne auch durchaus zwei bis drei Japaner umbringen. Doch Shaho hatte eine Idee.

„Scheiß drauf, ich lasse die Drohne einfach von unserem Balkon starten. Wer soll uns hier oben ficken?", sagte er.

Der Rest ist Geschichte, und wer am Ende vom Video genau hinsieht, sieht auch uns auf dem Balkon mit der Platinplatte.

KAPITEL 25:

WIEDER SOLO

Die Rufe nach dem originalen Sound der 187er-Strassenbande wurden immer lauter. Auch weil „Palmen aus Plastik“ die komplette Rap-Musik in Deutschland veränderte und sich viele Fans nach Straßenrap sehnten. Das war auch ein Grund, weshalb sich unsere Wege für einige Zeit musikalisch trennten. Sie nahmen den Sampler 4 auf, und ich konnte mich in die Arbeit an „Anthrazit“ stürzen. Der Schritt war für mich nicht so einfach. Bonez, GZUZ und Co. gingen an die Angelegenheit ran, wie sie es immer taten. Sie feierten ihr eigenes Zeug und hatten Spaß an der „Arbeit“. Ich wiederum behielt alles für mich und zeigte niemandem die ersten fertigen Songs. Sosehr wir die Branche gerade dominierten, hatte ich trotzdem Sorge davor, dass die Kritiker in der Industrie am Ende Recht behalten sollten und ich mit meinem Soloalbum scheitern würde. Die Skizzen waren im Vergleich zu „Palmen aus Plastik“ viel düsterer.

Ich hatte mich wieder in meinen alten Mustern eingerichtet, arbeitete von früh bis spät an den Aufnahmen, perfektionierte die Sounds und Beats und fühlte mich wie in einer Zeitkapsel zurück in die Vergangenheit katapultiert, obwohl ich eigentlich ohne Druck hätte arbeiten können. Ich stellte mir vor, wie schwer der Aufprall sein würde, wenn dieses Album floppen sollte.

Meine Bedenken steigerten sich bis zu dem Tag, an dem mir Massimo, mein Booker, eine Überraschung entgegenstreckte. Wir waren gerade im Tourbus unterwegs zum Frequency-Festival in St. Pölten, als er mir „Anthrazit“ in die Hand drückte.

„RAF, dein Album ist gerade per Express aus dem Presswerk gekommen.“

Meine Nervenenden zogen sich zusammen, als hätte mir Mike Tyson eine Bombe verpasst. Ich hielt die CD in meinen Händen.

Ich war nicht zufrieden mit dem Sound, die Songs schienen für mich lauwarm. Viel zu deep, viel zu Wien-bezogen, aus kommerzieller Sicht unbrauchbar. Es fühlte sich an, als hätte mir „Palmen aus Plastik“ die Chance auf das Goal meines Lebens gegeben, und ich stand alleine vor dem Tor und schoss daneben.

Ich legte sie auf den Tisch im Tourbus, mit dem Cover nach unten. Das Cover war zu dunkel. Das ganze Artwork völlig übertrieben. „Das hier ist ein einziger Fehler, ein Missverständnis“, dachte ich in meiner Paranoia.

Ich saß auf meinem Stuhl und bekam den Mund nicht auf. Ich nahm mein Telefon und rief Ronny an.

„Stop die Maschinen. Das Album kann so nicht auf den Markt kommen", sagte ich Ronny an.

Ronny suchte lange nach einer Antwort.

„Was gefällt dir nicht, RAF?"

„Die Grafiken sind zu dunkel, und ich will andere Songs darauf haben. Das wird ein Flopp."

Ronny redete auf mich ein, doch er konnte meine Bedenken nicht entkräften. Er redete, wie ein Manager in diesem Moment eben reden musste. Ich legte auf und vergrub das Gesicht in meinen Händen.

Da kam Bonez zu meinem Platz, setzte sich direkt neben mich und schaute auf die Tracklist von „Anthrazit".

„Ich verspreche dir, dass ich dir meine ehrliche Meinung über die Songs sagen werde", sagte er.

„Kuck mal. Das Intro ist Bombe. ‚Vienna' ist eine Hymne an deine Heimatstadt. ‚Alles probiert' ist baba. Okay, ‚Primo' ist behindert. ‚Andere Liga' ist heftig, ‚Bye Bye', heftig, du hast da locker sieben bis acht richtige Hits auf dem Album. Das heißt, du bist ja schon mal safe, Digger."

Meine Meinung änderte es nicht, aber zumindest versuchte ich es so zu sehen wie er. Nach der Show holten mich meine Schwester und meine Mutter ab. Meine Mutter winkte mich auf dem Parkplatz zu ihrem Auto.

Kaum waren wir losgefahren, legte ich „Anthrazit“ in den CD-Player ein und ließ das Album laufen. Beide waren schon immer meine härtesten Kritikerinnen gewesen, die sich kein Blatt vor den Mund nahmen.

„Ist das ein Lied von dir?“, fragte meine Mutter.

„Ja. Wir hören gerade mein neues Album. Es ist fertig, Maman!“

Die Fahrt von St. Pölten bis nach Wien dauert etwa eine Stunde. Wir hörten das Album durch. Meine Schwester strahlte mich nach dem letzten Song mit großen Augen an. *„Genial!“* sagte meine Mutter.

Abends traf ich mich mit meinem alten Freund Pireli, der bei jedem Song fast durchdrehte und meinte, dass es ein unfassbar gutes Album war.

Meine Ängste verflogen langsam – meine Heimat Wien fing mich wieder einmal auf. Mit diesem Gefühl fuhr ich ein paar Tage später wieder zurück nach Berlin. Ich wollte mit Anna ein paar ruhige Tage zuhause verbringen. Langsam lösten sich die Wolken in meinem Kopf. Ich hatte doch alles. Eine Frau, die ich liebte. Einen Job, der mich erfüllte, und ein Zuhause, in dem ich abschalten konnte.

Ich genoss die Tage und konnte zum ersten Mal nach langer Zeit wieder etwas Luft holen. Wir pflanzten den Baum, den Anna mir zum Wohnungskauf geschenkt hatte, im Garten.

Als ich abends in einem Café am Ostkreuz saß, rief mich Bonez an: *„Yo, RAF, alles fit?"*

„Alles gut, was geht bei dir?"

„Ich habe noch mal wegen ‚Primo' nachgedacht, du musst noch ein Video dazu drehen. Ich habe mit Arash eine kleine Choreografie einstudiert. Ich habe eine Idee, wie man das geil machen kann." Wenn Bonez von einer Sache überzeugt ist, dann richtig.

„Wie soll das gehen? Das Album kommt in zehn Tagen raus, und wir haben noch Festivals."

Ich war ja krasse Deadlines gewohnt, aber das war heftig. *„Ruf Shaho an. Vertrau mir, du brauchst ein Video dazu!"*, antwortete er.

„Okay, ich check mal mit ihm", antwortete ich und legte auf.

Das Chaos flammte wieder auf. Innerlich plante ich schon den kompletten Dreh durch. Checkte Details ab, stellte das Team zusammen, ging die einzelnen Szenen durch. Ich lief zurück zu unserer Wohnung und öffnete die Haustür. Anna stand im Flur und sah mich an.

„Ich muss wieder länger weg. Nach dem Festival noch ein Video drehen. Danach noch zwei Auftritte. Ich bin erst in zehn Tagen wieder da.“

Abwesend ging ich an ihr vorbei.

Von Berlin aus ging es zu einem Festival in Norddeutschland. Dort holte mich mein Kumpel Sale nach der Show ab. Wir fuhren die ganze Nacht durch bis nach Kroatien und stoppten nur zum Tanken und für den Fahrerwechsel. Pireli besorgte aus Wien für den Dreh einen Lambo.

Parallel flog Shaho mit dem Flugzeug, um Zeit zu sparen.

Das Konzept war simpel. Wir sollten ein paar Szenen am Pool und im Auto in sommerlicher Umgebung drehen und diese Aufnahmen dann mit unseren privaten Handy-Videos mischen, die Bonez von mir auf den Festivals zuvor aufgenommen hatte.

Wir veröffentlichten das Video einen Tag vor dem Album-Release. Ich war sehr nervös und wollte es unbedingt um Punkt 12 ins Netz stellen. Bonez und Shaho saßen eine Viertelstunde vor Release noch am Rechner und verbesserten einige Szenen.

„Warum der Stress, RAF?", sagte Bonez. *„Besser, es ist cool. Es bleibt ja für immer im Netz."* Ich unterdrückte meine Unruhe und ließ sie in Ruhe arbeiten. Letzten Endes ging das Video um vier Uhr früh online. Die beiden behielten Recht. Der Song schlug ein wie eine Bombe. Es war wieder wie bei „Nie ohne mein Team". Unerwarteterweise wurde der Track der Hit des Albums. Weshalb „Primo" so geknallt hat, kann ich mir bis heute nicht erklären.

KAPITEL 26:

TRIBUTE

Das Leben mit Anna wurde komplizierter. Unsere Welt hatte nach der anonymen Nachricht erste Risse bekommen, die jetzt ihre Wirkung zeigten. Genau wie ich in meiner eigenen Seele, lebte sie in einer Beziehung mit zwei verschiedenen Versionen von mir. Auf der einen Seite gab es mich, wie sie mich kannte.

Auf der anderen Seite war ich ein Rapstar, der mit seinen Jungs auf Tour fährt mit allem was dazu gehört. Ich habe nie verstanden, wie ich diese beiden Welten miteinander kombinieren sollte. Ich war innerlich immer zerrissener.

Nirgends fühlte es sich komplett an.

Mein Smartphone war der Tunnel zwischen meinen Realitäten. Irgendwann wusste ich nicht mehr, in welcher Welt ich der Schauspieler war und in welcher mein echter Charakter lebte. Ich war jeden Monat mindestens drei Wochen unterwegs. Videodrehs, Studioarbeit, Festivals, Tour. Nie war ich länger zuhause. Und es wurde nach „Palmen aus Plastik" eher mehr als weniger.

Ich spürte, dass unsere Beziehung sich dem Ende näherte, und diese Erkenntnis brach mir das Herz. Anna war seit fünf Jahren an meiner Seite. Ich konnte sie nicht aufgeben.

Doch auch das Leben als erfolgreicher Musiker konnte ich nicht vernachlässigen. Ich hatte darauf hingearbeitet, seit ich elf Jahre alt war.

Es zerriss mich. Ich wollte es dennoch versuchen und redete mir ein, dass eine Reise das Richtige wäre. Ich entschied mich für Tokio und wollte ihr dort alles zeigen. Doch ich bemerkte nicht einmal, wie geistig abwesend ich war. Nach der Reise fragte ich sie, wie es ihr gefallen hatte.

Sie blickte durch mich hindurch und sagte: „*Du warst die ganze Zeit nur am Handy.*" Da wurde es mir klar:

Der Rabe forderte seinen nächsten Tribut – Anna.

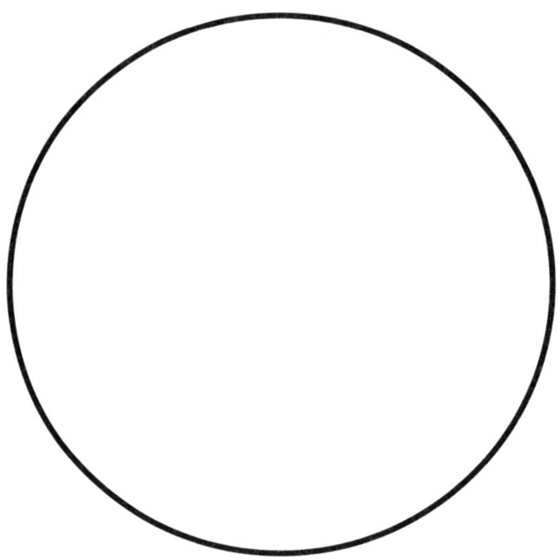

KAPITEL 27:

BIG IN BALKAN

Mein Privatleben wurde immer komplizierter, doch parallel dazu entwickelte sich meine Bekanntheit auf dem Balkan auf ein Niveau, von dem ich niemals zu träumen gewagt hatte. Der Grund war ein Song auf „Anthrazit“: „Andere Liga“.

Es war meine Hymne auf die Frauen aus dem Balkan, denn sie bestimmen in Wien das Stadtbild. Sie kamen damals in den Dadlerpark und spazierten in hochhackigen Schuhen, engen Jeans und perfekt geschminkt an uns vorbei. Sie saßen in der Pizzeria Mafiosi am Nebentisch und aßen Pizza für 2,50 Euro, als würden sie in einem Nobelrestaurant sitzen. Sie waren die Generation, die vor dem Balkankrieg nach Wien geflohen war. Sie waren die Schwestern, Cousinen und Tanten, die die Randbezirke Wiens bevölkerten. Seit den 90er-Jahren hat sich daran nichts geändert.

Mir war nicht bewusst, dass durch diese Hommage meine Fanbase am Balkan beachtlich gewachsen war. Der Song wurde dort durch die Diaspora, die regelmäßig zwischen Serbien, Kroatien oder Bosnien und Wien hin- und herpendelte, sehr bekannt. Zwei Rapper (Jala & Buba), die dort echte Größen waren, fragten mich nach einem Feature an. Meine Jungs aus Wien bekamen Wind davon und meinten, dass ein Ausflug dorthin sicher nicht schaden würde. *„Pa, du bist bekannt dort, du wirst sehen, Ranko"*, sagte Agic felsenfest überzeugt.

„Doch nicht wegen dem einen Lied", entgegnete ich.

Ein paar Tage später setzten wir uns in zwei Autos und fuhren nach Belgrad. Als Wiener hat man generell einen starken Bezug zum Balkan. Man kennt die Leute und die Länder, weil man sie in den Wiener Straßen sieht und spürt. Außerhalb der Gürtel-Bezirke ist Wien Balkan. Die Kassiererinnen in den Supermärkten sprechen serbisch. Bei den Friseuren und in den Lokalen hört man keine andere Sprache. Ich war gespannt, was mich erwarten würde.

Belgrad erinnerte mich stark an Wien. Die Hotels im Stadtzentrum waren mal prächtig, aber mittlerweile etwas verfallen. Sie erinnerten an einen vergangenen Glanz. Dennoch sah das Straßenbild aus wie in meiner Heimatstadt. Nur wie aus einer anderen Dimension, ähnlich wie in „Stranger Things".

Wir hielten vor einem der Hotels in der Innenstadt. Ich traute meinen Augen nicht. Wie zur Hölle konnte das sein? Wir wurden bereits von einer Traube von Fans empfangen.

„Was ist denn hier los?", fragte ich in die Runde.

„Ich habe es dir doch gesagt, Bruder. Die haben deine Insta-Story verfolgt. Wo du noch sagst: ‚Wir fahren jetzt nach Belgrad.' Hier gibt es nicht viele Top-Hotels. Die haben direkt gecheckt, wo wir hinkommen!", sagte Sale und steuerte lachend unser Auto vor den Eingang des Hotels.

Farido stieg als Erster aus, öffnete meine Tür und bahnte mir den Weg durch die iPhones.

„Schnell, RAF", rief er mir, ohne sich umzudrehen, zu. Mein Blick fiel auf zwei Frauen, die vor der Hoteltür warteten. Es waren unfassbare Schönheiten. Ein Meter fünfundsiebzig groß, lange Beine, in eleganten Kleidern. Modelgesichter unter perfekten Haaren. Beide lächelten mich an. *„Nimmst du uns mit auf dein Zimmer?"*, hörte ich eine mit einem strahlenden Lächeln sagen, sie begleiteten mich über die schweren Teppiche zur Rezeption.

Auf dem Weg durch die Lobby flüsterte eine der beiden mir in perfektem Englisch ins Ohr. *„Ein Vorschlag: Heute gehen wir feiern, und morgen darfst du den ganzen Tag lang mit uns machen, was du willst, hm?"* Die beiden ließen nicht locker.
„Komm jetzt mit uns, wir wollen mit dir tanzen und feiern. Wir zeigen dir unser Belgrad."

Sie wurden immer aufdringlicher. Und ich immer misstrauischer. Ich wimmelte sie ab. Die Aufzugtüren schlossen sich. Ihre Puppengesichter waren enttäuscht. So verhielten sich keine normalen Groupies.

Mein Gefühl bestätigte mein Urteil über die beiden. Ein Kontakt aus Belgrad erzählte mir beim Essen alles über diese Masche der Mafia.

Am kommenden Tag machte ich mich mit Farido, Shaho Casado und ein paar Jungs auf den Weg in den Stadtkern. Wir wollten bei Vapiano etwas essen. Als wir gerade die Getränke bestellt hatten, bemerkte ich, dass sich das Einkaufszentrum, in dem wir saßen, immer weiter füllte. Junge Menschen drängten auf die Pizzeria zu, zückten ihre Handys und schossen Fotos von mir. Ich lächelte und machte mein „Beste Leben"-Zeichen, doch es wurden immer mehr. Langsam entwickelte sich ein Gedränge. Die Security kam und sperrte den Platz rund um das Restaurant ab. Die Lage spitzte sich zu.

„Ranko, wir müssen hier weg", sagte Agic keinen Moment zu spät.

Die Fans überrannten die Securitys, und wir gingen aus dem Lokal in die Innenstadt. Weit über 100 Fans folgten uns durch die Gassen der Altstadt. Sie skandierten meinen Namen und wollten Fotos und Autogramme. Mit Mühe schafften wir es ins Hotel zurück. Doch an Ruhe war nicht mehr zu denken. Mittlerweile hatte sich herumgesprochen, dass ich in der Stadt war, und in welchem Hotel natürlich auch. Es war komplett surreal. Bekannte Fernsehmoderatorinnen und Legenden wie Dragana Mirkovic waren in der Lobby und holten sich ein Foto und Autogramme für ihre Kinder. Ich kam kaum zum Entspannen, dabei wollte ich für den kommenden Tag topfit sein, denn der Videodreh mit Jala und Buba stand an. Es sollte nicht der letzte Dreh am Balkan sein.

In Sarajevo wurden wir eingeladen, ein Video in der Villa von X zu drehen – einem der größten Bosse des Balkans und unser Kontaktmann, wenn es um Shows geht.

Am kommenden Tag hielt der Porsche Cayenne vor dem Hotel und holte mich ab. Der Fahrer war Xs rechte Hand. Ich setzte mich auf den Rücksitz, und wir fuhren los. Hinter dem Cayenne meine Jungs plus das Equipment, das wir zum Drehen brauchten. Während der Fahrt zeigte er mir die Waffen, die in der Lüftung im Auto versteckt waren.

Die Inneneinrichtung der Villa war bodenständig.

Dafür war das Arsenal umso umfangreicher. Es war wie in einem Film. Shaho begann mit dem Aufbau des Sets, und ich setzte mich zu den Jungs auf die Terrasse.

Wenn ich Geschäfte mache, dann weiß ich genau, wozu ich Ja sage und wozu ich Nein sage. Ich kenne genau meine Grenzen. Ich bin nie unverschämt oder fordere maßlose Dinge, und ich bin loyal. Wenn ich mit jemandem zusammenarbeite, dann gibt es für mich keine Side Deals. Außer es wird abgesprochen. Denn Ronny sagte mir immer: Ein Mann, der nicht lügt, braucht sich um nichts Gedanken zu machen.

Ich arbeite auf dem Balkan nur mit einer Fraktion zusammen. Nie nahm ich einen Gefallen an. Egal, wie verführerisch er war. Auch die beiden Frauen vor dem Hotel waren Lockvögel. Das ist mir Sex nicht wert.

Mafiosi kennen die Schwachstellen jedes Menschen. Sei es Geld, seien es Drogen oder Frauen, die Familie oder der Ruf. Ich habe immer aufgepasst, dass ich nie in so eine Situation komme. Nach meinen Auftritten habe ich meistens in der Location noch backstage eine Zigarette geraucht und bin dann direkt ins Hotel gefahren. Das bedeutet für mich Professionalität. Je bekannter ich wurde, desto mehr musste ich es sein.

Wenn ich heute in Bars oder Restaurants gehe, wird jeder meiner Schritte überwacht. Wenn man gerade bleibt und sich nicht auf Koks mit Nutten auf einer Party zum Affen macht, dann funktioniert es auch mit dem gegenseitigen Respekt. Darauf habe ich immer geachtet. Auch für die Ehre meiner Familie, da mein Verhalten auch auf sie abgefärbt hätte.

KAPITEL 28:

WIR SIND WIEDER DA!

Das Jahr 2018 begann wie im Rausch, es war wie in einem Tunnel. Mein neues Zuhause war das Anthrazit-Studio, das ich mir für 500.000 Euro geleistet hatte. Aus dem Kellerloch war ein düsterer, aber perfekt eingerichteter Ort geworden, an dem ich alle musikalischen Freiheiten hatte. Bonez war damit nicht so richtig glücklich. Er mag es hell. Aber da es mein Gebiet war, setzte ich mich durch und hielt es dunkel. Wir waren uns einig, dass es jetzt an der Zeit war, der Branche zu zeigen, wer dominiert. Die Industrie machte uns Druck und gierte nach neuen Songs, und der Markt lief über mit Kopien unserer Songs und unseres Sounds.

Bonez und ich hatten eine neue Musikrichtung entwickelt, wir waren stolz darauf, aber es kamen jede Woche neue Künstler auf den Markt, die genauso klingen wollten wie wir. Wir waren wie damals Bushido, der 2003 seinen Stil mit traurigen Geigen und langsamen Beats geprägt hatte. Jetzt klang der komplette deutsche Hiphop nach uns. Egal, ob es Kurdo mit „Ya salam" war oder Kollegah und Farid mit „Zieh deinen Rucksack aus".

Wir mussten uns neu erfinden. Denn ehrlich gesagt nervte es uns, dass unser Stil nicht mehr einzigartig war.

Bonez und ich zerbrachen uns den Kopf, welchen Spin wir für die Fortsetzung finden konnten, um wieder einen frischen Sound zu haben.

Da Bonez mit 187 auf Tour ging, teilten wir uns auf.

Ich produzierte und orientierte mich an den 90er-Jahren und an allem, was damals aus Jamaika kam: Elephant Man, Sean Paul, Sizzla. Ich fertigte Skizzen an und suchte nach neuen Ideen. Ich schickte Bonez immer wieder ein paar Vorlagen, er gab Feedback. Nebenbei entstand der Track „500 PS". Wir schenkten dem Lied keine große Beachtung, sondern sammelten einfach neue Skizzen, um wieder einen neuen Stil zu finden, der uns von der breiten Masse abheben sollte. Aber wie wir es auch drehten und wendeten, alles klang weiterhin wie „Palmen aus Plastik 1".

Als ich eines Nachts wieder mal im Studio saß, klickte ich mich in einer Pause durch Spotify-Playlisten.

Plötzlich kam ein Beat und eine Hook, die mich schon damals nicht mehr losließ – der Song hieß „Alors on danse“ und war von dem Künstler „Stromae“ aus Belgien. „Stromae“ hatte mit dem Song 2009 einen europaweiten Hit gelandet.

Das Haupt-Sample des Songs hatte die Geschwindigkeit von „Ohne mein Team“, und es passte perfekt auf einen Text, den ich geschrieben hatte – „Beste Leben“. Bonez war so begeistert, dass er in derselben Minute seinen Part aufnahm, abfilmte und auf Instagram stellte.

Er war gerade zurück von der „Sampler 4“-Tour, und wir mussten vom Studio aus kurz ins Waldorf-Astoria. Dort war ein Videodreh von Gringo, Capital Bra und GZUZ, zu dem wir eingeladen waren. Die ganze Rap-Szene und ein paar Stripperinnen waren vor Ort. Doch als wir ankamen, war irgendetwas anders als sonst. Es war eine eisige Stimmung. Bis auf die Künstler waren die Leute auf dem Dreh uns gegenüber sehr reserviert.

Die Anspannung war greifbar.

Auf dem Rückweg vom Shooting fuhr ich mit Bonez in meinem Audi A7 zurück zum Studio.

Bonez war ungewöhnlich still. Er schaute mich an und fragte mich: *„Was war das denn gerade?"*

Wir erinnerten uns an die Zeit zu „Palmen aus Plastik 1". Damals hatten wir von allen viel Support bekommen, und uns wurde der Erfolg gewünscht und auch gegönnt.

Wir spürten, etwas ist anders.

Am nächsten Morgen hatte „Beste Leben" bereits 200.000 Views auf Youtube, es wurde von Fans hochgeladen. Es war ein Hit. Ich schickte Ronny den Song mit den Worten: *„Bitte, klär dieses Sample. Das wird ein mieser Hit!"* Ein paar Tage später kam eine nette Mail, dass sie gerne den Text sehen wollten, um zu beurteilen, ob sie es uns freigeben würden.

Ich versuchte, den Text so clean es ging ins Französische zu übersetzen, und schickte ihnen alles per Mail.

Einen Tag später kam die Antwort, die sinngemäß besagte: *„Auf keinen Fall geben wir euch irgendwas, der Text ist menschenverachtend."*

Ich redete mit Bonez, und trotz dieses Rückschlages gaben wir ein Angebot ab: Wir boten ihm 150.000 Euro, wenn wir das Sample benutzen dürften. Sie lehnten wieder ab.

„Der soll sich ficken, wir hauen das Ding raus", sagte Bonez. Da wir wussten, es ist unser großes Pferd, nutzten wir den Hit anders. Als Promo-Tool, um eine Klamottenmarke „Beste Leben" zu starten. Neben dem Streit mit Stromae kam dann allerdings ein weiterer dazu. Der „Playboy" verklagte uns auf Unterlassung, weil wir eine abgewandelte Version seiner Hasenohren verwendet hatten. Wir mussten einen Teil der „Beste Leben"-Klamotten vom Markt nehmen.

Wir ließen den Song mastern und stellten ihn trotzdem auf YouTube. Wir wollten ihn unbedingt mit den Fans teilen, auch wenn wir kein Geld damit verdienen konnten. Und ja, es war ein Hit. 2,4 Millionen Views innerhalb von einem Tag – ohne Video. Wenig später, als der Song bereits bei zwölf Millionen Views stand, landete die Klage von Stromae bei uns im Büro.

Die Aufnahmephase von „Palmen aus Plastik 2" ging uns diesmal nicht mehr so leicht von der Hand wie beim letzten Album. Dazu kam der massive Druck. Unsere Terminkalender quollen über – Tournee, Festivals und Drehs. Wir verbrachten so viel Zeit in Flugzeugen und in Autos, dass ich begann, jeden Bezug zu Raum und Zeit zu verlieren. Berlin, Barcelona, Düsseldorf – die Städte hatten keine Namen mehr. Jedes Hotel wurde austauschbar, jedes

Restaurant sah gleich aus. Dazu kamen erstmals die deutlichen Unterschiede zwischen Bonez und mir zum Vorschein. Ihn ließ dieser Stress völlig kalt. Deadlines interessierten ihn nicht. Er ließ sich treiben und schaute weder nach links noch rechts. Dazu wollte wirklich jeder etwas von uns, die Belastungsproben für uns als Team wurden nicht weniger. Neben der Konkurrenz und der Industrie begann uns auch die Straße Druck zu machen. Wir hatten große Pläne, hatten dafür aber effektiv keine Zeit.
Auch, weil ich kurzfristig nach Albanien musste.

Ein Freund von mir hatte mir von Noizy erzählt, einem albanischen Rapper, der nach England gekommen und dort aufgewachsen war und der in Albanien ein Volksheld ist, eine absolute Ikone. Ich saß beim Frisör in Wien, und mein Freund meinte, dass Noizy mich in seiner Instagram-Story erwähnt hatte. Ein paar Tage später bekam ich aus Tirana eine Nachricht mit dem Soundfile zu dem Song „Toto“ und der Frage, ob ich einen Part dafür rappen wollte. Ich saß am nächsten Tag im Studio und habe ihm eine halbe Stunde später meinen Part zurückgeschickt.

Noizy verstand zwar kein Wort von dem, was ich rappte, aber die nächste Nachricht von ihm war klar und unmissverständlich: *„We have to shoot a video together.“* Ich fand die Idee geil, aber hatte einen Wunsch: Shaho, meinen Regisseur, das Projekt machen zu lassen und ihm auch endlich die Möglichkeit zu geben, mit einem weiteren krassen internationalen Künstler zu arbeiten. Noizy war cool damit und sofort einverstanden. Allerdings war ihm nicht bewusst, was da auf ihn zukam. Und mir war es genauso wenig bewusst.

Mein Flug nach Tirana führte mich aus Berlin per Zwischenstopp nach Frankfurt. Albanien ist nicht Norwegen. Das Land hat seinen Ruf und seine Geschichte. Schon als ich allein in Frankfurt in den Flieger nach Tirana steigen wollte, stand ein Typ mit einer Narbe im Gesicht neben mir und eskortierte mich zum Gate, um mich für den Flug zu begleiten.

Bei der Landung sah ich dann die Polizei auf dem Flugfeld stehen. Erst dachte ich, die suchen jemanden, bis mir klar wurde: Die sind ernsthaft wegen mir hier! Der Polizeiwagen stand direkt neben dem Flieger.

Als ich die Gangway aus dem Flugzeug hinunterlief, zeigte der augenscheinliche Chef der Truppe auf mich, ging auf mich zu und fragte knapp: *„From Noizy?"* Die Polizisten nahmen mich in die Mitte, luden mein Gepäck direkt aus dem Flugzeug in den Kofferraum, setzten mich in einen der Wagen und fuhren mich vom Flugfeld direkt vor den Eingang des Flughafens. Dort wartete dann eine weitere Eskorte. Allerdings waren es diesmal keine Polizeiwagen, sondern ein Maybach, ein Ferrari und eine S-Klasse.

Ich dachte mir im ersten Moment: *„Krass, was Noizy für eine Macht in Albanien hat."* Ich war zwar schon einige Male am Balkan, aber das war mir neu. Wir sammelten noch ein paar weitere Freunde von mir auf, die separat aus Wien nachgekommen waren, und fuhren dann Richtung Durrës, einer Hafenstadt 40 Kilometer westlich von Tirana. Noizy und ich hatten direkt einen sehr guten Vibe, wir redeten offen, aber musterten uns beide ein wenig. Er erzählte mir von seinen aktuellen Projekten, der aktuellen Lage in Albanien und seinem Haus, welches wir direkt ansteuerten.

Ich war gespannt, zu sehen, wie er wohnt. Sein Haus entpuppte sich dann als ein klein wenig größer. *„This is our building"*, sagte er mir und zeigte stolz auf einen Gebäudekomplex.

Das mehrgeschossige Gebäude glich eher einem Wohnblock als einer Wohnung. Im Erdgeschoss waren sein eigenes Fitness-Center, seine Shisha Bar und ein Restaurant. Darüber seine Wohnung und die seiner Eltern und der restlichen Familie. In der Bar hingen seinen Freunde und ein paar Frauen, die aussahen wie aus dem Magazin.

Zur Begrüßung kochte uns Noizy's Vater höchstpersönlich etwas. Noizy erzählte von seiner Liebe zu Autos und zeigte mir nach dem Essen seine Garagen.

„Follow me, I show you my cars!", sagte er und zeigte Richtung Innenhof des Gebäudekomplexes.

Er zeigte mir seine beiden Ferrari 488, die in einem Top-Zustand waren. *„What cars do you have?"*, fragte er mich.

Ich erzählte ihm von meinem Maserati GTS, den ich mir zuletzt gekauft hatte. *„Aaah, Maserati only makes noise. Come on, let's take one of these for a spin, you'll love it!"*, lachte er und lud mich auf eine gemeinsame Fahrt mit einem der Ferraris ein. In dem Moment, als er den Motor des 488 anmachte, wusste ich: Ich brauche dieses Auto. So eine Beschleunigung hatte ich noch nicht erlebt.

Wir rasten mit 270 km/h über die Landstraße mit Schlaglöchern, bremsten in Ortschaften, in denen uns Hunde hinterher liefen, und gaben wieder Gas, sobald die Straße frei war. Noizy wirkte entspannt, und ich realisierte später, warum: Seine Jungs und er hatten alle Polizeimarken, mit denen sie jederzeit schnell fahren konnten, wie in einem 80er-Actionfilm. Er wirkte unantastbar in Albanien. Ich hatte schon davon gehört, dass er Flugzeuge anhalten ließ, wenn er zu spät am Flughafen ankam, und der Respekt seines Umfeldes für ihn war unendlich. Es wirkte, als stünden er und seine Jungs über dem Gesetz.

Seine Freunde hatten, ähnlich wie er, viel Zeit in London verbracht oder waren sogar Engländer, alle wirkten international, denn sie sprachen britisches Englisch.

„Let's drive back and chill a bit", sagte er zu mir – dann fuhren wir zurück. Wir hingen in einem Hinterhof mit Freunden und viel Weed und sprachen über den Folgetag, an dem wir das Video zu „Toto" drehen wollten.

Noizy's Einstellung hat mich tief beeindruckt. Vor Rap war er ein Freefighter, und wer auf YouTube richtig recherchiert, sieht ihn in englischen Bare Knuckle-Fights. Er hat diese Kampfsportler-Mentalität. Für ihn gibt es nur Gewinnen. Es ist eine krasse Autosuggestion. Niederlagen sind ausgeschlossen. Sein Weg, mit Erfolg umzugehen, hat mich tief inspiriert.

Am nächsten Vormittag kam Shaho in Durrës an. Ein absolut uneitler Mensch, der alles für die Kunst gibt. Wenn man ihn nicht kennt, fällt es allerdings schwer, ihn einzuschätzen.

Da stand er also mit seinen kaputten Schuhen, seiner Ausrüstung, die er komplett alleine bediente, und stellte sich höflich allen vor. Noizys Leute wussten erst nicht, was sie sagen sollten. Selbst in Albanien waren sie es gewohnt, dass zu einem Videodreh ein ganzes Team kommt – mit Lichtanlagen, Regisseur, Leuten für den Ton und natürlich einigen Kameras. Shaho baute wie in Trance sein spärliches Equipment auf. Zuerst schauten sie nur komisch, aber als Shaho loslegte, waren Noizy und ich abgemeldet: Shaho war der Star von „Toto". Während Noizy und ich unsere Show abzogen und Shaho uns seine Wünsche für die Performance zurief, turnte er die ganze Zeit um uns herum. Mal rannte er, mal tanzte er mit, mal kletterte er auf ein Podest, um uns von oben filmen zu können. Nach der zweiten Szene applaudierte ihm das ganze Set, nachdem sie ihn gesehen hatten und die ersten Bilder auf seiner Kamera sehen durften. Bei einem seiner Moves fiel er allerdings von einem Betonklotz und verstauchte sich mies den Fuß. Selbst humpeln konnte er kaum noch. Sein Gesicht war voller Schmerzen. *„Bruder, sollen wir aufhören, dein Fuß ist am Arsch, oder?!"*, fragte ich ihn.

„Nein, wir drehen weiter, egal, muss, muss!", antwortete Shaho wie ein Boxer, der einfach nicht liegen bleiben möchte, obwohl ihn bereits alle abgeschrieben haben. Und er schaffte es. Er drehte auf einem Bein hüpfend das Video zu Ende.

Gerade als sich Shaho seinen Applaus für den letzten Shot abholte, klingelte mein Handy. Ronny war dran.

„RAF, ich hatte gerade ein Gespräch mit Netflix. Kennst du die Serie ‚Narcos'?", fragte er mich.

„Krass. Ja, kenne ich, klar."

„Okay, wie findest du die?"

„Die Serie ist richtig geil."

„Auf jeden Fall geil!", hörte ich Bonez im Hintergrund.

„Okay, dann pass auf. Die wollen, dass ihr beide den Titelsong zur neuen Staffel macht. Mit Video und allem in Mexiko, und zahlen alles plus Geld für euch!", sagte Ronny.

„Fangt an zu schreiben. Das Video drehen wir ab nächster Woche!"

„Okay, wir setzen uns dran", antwortete ich.

Ich war gerade in Albanien, um das Video zu „Toto" zu drehen. Wie sollte das alles möglich sein? In der Woche darauf standen die Auftritte bei „Rock am Ring" und bei „Rock im Park" an.

„Ihr macht das schon!", sagte Ronny und legte auf.

Die Deadline, die er uns setzte, war eigentlich nicht einzuhalten. Ich wollte es trotzdem versuchen.

Ich kam direkt vom Flughafen, noch voller Eindrücke aus der Zeit in Albanien, und mit meinem Koffer im Berliner Studio an. Bonez und ich mussten sofort einen Song für die Netflix-Serie finden. Bonez schnappte sich seinen Volcano Vaporizer, und wir suchten nach Inspiration. Wir spielten Samples mit spanischen Gitarren ein, probierten brasilianischen Funk aus – nichts funktionierte. Wir skizzierten und verwarfen Dutzende Ideen und standen am Ende des Tages dort, wo wir am Morgen schon gestanden waren. Wir hatten nichts. Ich wählte Ronnys Nummer.

„Wir haben keine Idee, wir finden auf die Schnelle nichts. Aber wir haben hier einen krassen Song, der eigentlich sehr gut passen würde. „Kokain“, erklärte ich ihm. *„Kokain? Damit brauche ich denen von Netflix nicht kommen. Das ist ein riesiges amerikanisches Unternehmen, die werden durchdrehen!“*

„Das ist eine Serie über das Kokain-Business. Wenn etwas passt, dann das. Ich leite dir den Song weiter. “ Ich überzeugte Ronny, dass er dem Song eine Chance geben sollte. Überraschenderweise waren die Leute von Netflix einverstanden, und sie schlugen uns einen interessanten Deal vor. Wir sollten 100.000 Euro sofort bekommen, zudem eine monströse Videoproduktion in Mexiko. Wir hatten den Deal.

Alles war angerichtet für 1RAF7 in Mittelamerika.

Um die Deadline am 2. Juni zu halten, wollten wir Maxwell und GZUZ schon mal als Vorhut nach Mexiko schicken, da beide im Video mitspielen sollten.

Bonez und ich würden dann nach dem „Rock am Ring"-Auftritt abgeholt werden und an meinem Geburtstag am 4. Juni sofort losfliegen. Stress, aber machbar.

Kurz bevor sich Maxwell und GZUZ zusammen mit Shaho Casado auf den Weg zum Flughafen machen wollten, erreichte uns die Nachricht, dass ein Fotograf der „Narcos"-Crew von einem Kartell der mexikanischen Mafia erschossen worden war.

Laut Insidern waren den Kartells dort die Dreharbeiten ein Dorn im Auge. Doch weder GZUZ, Maxwell noch Bonez hatten Angst. GZUZ und Maxwell stiegen unbeeindruckt in den Flieger.

Ronny warnte uns, dass, wenn wir in Mexico City so antanzen, wie wir waren – zwei Meter groß, mit Goldschmuck und tätowiert –, würde es Probleme geben. Die Mafia war scharf auf Touristen; vor allem auf reiche Europäer wie uns. In Mexiko gab es keine kleinen Banden, die sich gegenseitig erpressten, sondern es herrschte Krieg zwischen den Drogenkartellen und der Polizei. Jeden Tag wurden Leute entführt, geköpft oder erschossen.

Ich fasse zusammen: Das Album war nicht fertig. Wir sollten in eine der gefährlichsten Städte der Welt und nun den wichtigsten Festivalauftritt vor zigtausend Menschen spielen.

Dazu kam, dass noch kurz vor der Show bei „Rock am Ring" kein unterschriebener Vertrag von Netflix da war. Die Verhandlungen hatten sich bis zur letzten Minute gezogen. Erst nach der Show am 4. Juni erfuhren wir im Backstage, dass Netflix den Deal akzeptiert und unterschrieben hatte. Sie waren mit unseren Konditionen einverstanden. Wir saßen verschwitzt im Backstage, als unser Tourmanager uns Bescheid gab.

„Netflix hat unterschrieben! Ihr fliegt nach Mexiko. Jetzt!", sagte uns Massimo, während er uns per Handschlag zum Deal gratulierte. Bonez und ich warfen ein paar Kleidungsstücke in unsere Koffer und wurden 15 Minuten später abgeholt und zum Flughafen gebracht. Keine Ahnung, was uns dort erwarten würde.

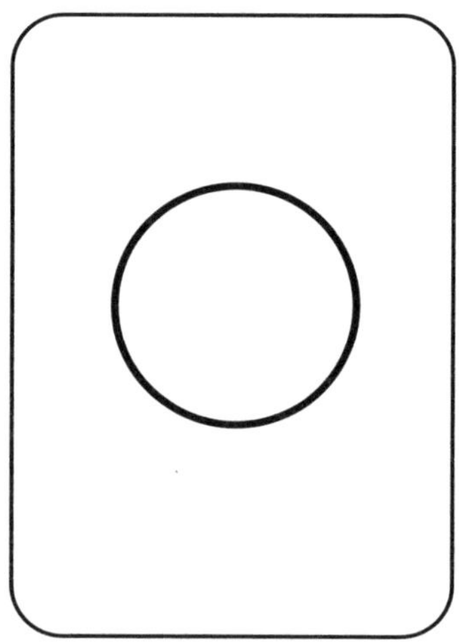

KAPITEL 29:
KOKAIN

Mexiko City im Juni. Große Hitze erwartete uns, als wir über das Flugfeld gefahren wurden. Die Luft war fast greifbar, so schwül war es. Ich hatte den Flug relativ gut überstanden. Bonez drehte bereits Instagram-Storys. Mit im Schlepptau war Pascal Kerouche, unser Fotograf, der gleichzeitig ein guter Freund von Bonez ist.

Am Flughafen wartete bereits eine gepanzerte Limousine mit vier Sicherheitsleuten, die aussahen, als würden sie ebenfalls in „Narcos" mitspielen. Die vier Mexikaner, bewaffnet mit goldenen Revolvern, begrüßten uns höflich und nahmen unser übersichtliches Gepäck, das wir jedoch aus Respekt lieber selbst trugen, und ließen uns einsteigen. Die Show begann – beziehungsweise die Realität in Mexico City. Die Security-Leute waren ständig über ihre Funkgeräte mit Posten an der Strecke in Kontakt, die die Situation auf den Straßen überwachten und sich über die „Gringos" unterhielten, die sie sicher durch die Stadt bringen sollten. Mexico City sah aus wie Los Angeles: große Straßen, kleine Häuser und Shops überall, nur eben wie LA aus den Filmen der 80er-Jahre. Eine riesige Stadt mit über 20 Millionen Einwohnern.

Gewaltige Wolkenkratzer im Stadtkern, die Außenbezirke, die wir passierten, waren Ghettos.

Ich erinnerte mich an ein Gespräch mit zwei deutschen Geschäftsmännern, das ich auf dem Hinflug geführt hatte. Sie hatten von toten Touristen in der Wüste nahe Mexiko-Stadt berichtet. Und dass es den Kartellen zu gefährlich war, die entführten Menschen nach der Übergabe des Lösegelds wieder zurückzubringen. Deshalb wurden sie an Ort und Stelle ermordet. Wir waren das perfekte Ziel.

Doch ich machte mir darüber keine Gedanken.

Irgendwie war ich schon so abgestumpft, dass ich die Situation nicht mehr richtig einschätzen konnte. Ich fühlte mich wie ein Roboter, der wie ferngesteuert von einem Ort an den nächsten transferiert wurde. Die Häuserschluchten rauschten an uns vorbei, und wir hielten vor einem prunkvollen Hotel.

Nach einer kleinen Willkommenszeremonie ging ich direkt auf mein Zimmer. Dort hing tatsächlich eine Batman-Pinata.

Ich hatte völlig vergessen, dass ich heute Geburtstag hatte.

Am nächsten Morgen stand für uns bereits der erste Drehtag an, und wir wurden vor dem Hotel abgeholt. Die Limousine schob sich durch die Rushhour. Maxwell und GZUZ wurden während des Verkehrs etwas ungeduldig. Ihnen ging alles zu langsam.

„Maan, Digger. Wieso dauert das alles so lange. Ich bin in Mexiko und sitze nur im Auto!“, beschwerte sich GZUZ.

Plötzlich riss er die Autotür auf.

„Kein Bock mehr, Digger!“, rief er Maxwell zu und sprang aus dem fahrenden Auto.

Maxwell sprang sofort hinterher, und beide verschwanden im Leben der Straße zwischen Hunderten Mexikanern.

Die Securitys fingen an, panisch zu schreien, und zwei von ihnen sprangen aus dem Auto und rannten ihnen hinterher.

Bonez rollte mit den Augen. Ich lehnte mich zurück. Fakt ist, jetzt fuhren wir gar nicht mehr.

20 Minuten später kamen die verschwitzten Securitys mit den beiden im Schlepptau wieder zur Limousine zurück. Sie hatten sie in einem Barbershop gefunden. Die Limousine fuhr weiter.

Kurze Zeit später hielten wir vor einer unfassbaren Villa, die als Set für Teile unseres Videos herhalten sollte. Die Produktion hatte nicht zuviel versprochen: 15 extra eingeflogene Top-Models aus Venezuela warteten dort auf uns. In einem Käfig hockte ein Rabe, und ein kleines Krokodil schwamm im Pool herum. Die Villa hatte rund 50 Zimmer und eine ausufernde Pool- und Gartenlandschaft. Shaho checkte die Location und packte sein Equipment aus.

Die Leute von Netflix fragten ihn nach unseren Drehbüchern und Ablaufplänen – sie konnten nicht verstehen, wie ein einziger Mann alles realisieren konnte. Shaho schaute sie nur an und erwiderte nichts.

Das Produktionsteam musterte uns von oben bis unten und schüttelte nur die Köpfe. Sie fragten sich wohl, was sie dazu verleitet hatte, sich mit diesen schlecht gekleideten Amateuren einzulassen. Doch dann sahen sie, wie gut unser Team funktionierte. Shaho gab die Anweisungen, wir machten die Models betrunken und feierten in der Pool-Landschaft mit ihnen und danach weiter im Hotel.

Die Netflix-Leute verzweifelten, je länger sie sich das Chaos anschauen mussten. Die Deutschen in ihren Reihen versuchten ständig zu intervenieren. Doch wir wussten, was wir taten. Shaho lieferte nach einem Drehtag wirklich gute Resultate ab.

Die Chemie zwischen uns und dem Netflix-Team war nicht wirklich berauschend. Sie intervenierten ständig, waren furchtbar nervös, weil sie viel Geld für uns bezahlt hatten, und wollten ihren Plan durchsetzen. Wir improvisierten und machten das, was wir immer taten. Es gab alle zehn Minuten irgendeine Unstimmigkeit.

Am zweiten Drehtag führte uns die Mannschaft in den Dschungel. Dort hatte man für uns eine Kokain-Küche aufgebaut. Unter einem Blätterdach standen Bottiche für den Ammoniak und das Natrium. Drei Bauern warteten auf den Drehbeginn. Um die Anlage herum standen Wachen in Uniformen, die Maschinengewehre in den Händen hielten. Das Ganze hatte nur einen Haken. Es war ein Filmset – nichts war echt. Die Waffen waren aus Plastik, in den Bottichen verteilten Helfer gerade irgendetwas, das das Kokain darstellen sollte. Das passte Bonez überhaupt nicht.

Er zog mich zur Seite.

„*Was soll denn diese Scheiße?*“, fragte er mich, während er auf das Set zeigte. Ihm war es peinlich, mit den Gummiwaffen zu hantieren und sich auch noch Mehl in die Nase zu ziehen.

„*Unauthentische Scheiße. Das ist doch mega-peinlich. Lass das auf keinen Fall machen.*“ Er schickte mich zu den Netflix-Leuten, um die Szene abzublasen. Ich wusste, dass Bonez bei seiner Meinung bleiben würde. Ich vertraute darauf, dass seine Augen Dinge sahen, die ich oft gar nicht bemerkte. Das Netflix-Team sah mich fragend an, und wir suchten nach einer Lösung. Bonez, der natürlich auch daran interessiert war, ein Video fertigzudrehen, musterte die Securitys, und ich erkannte an seinem Blick sofort seinen Plan.

Er lief zu ihnen hinüber, zündete sich seinen Joint an und fragte:
„*Guys, can we have your guns for the shoot? We need real guns, not this fake shit!*“

Sie schauten sich kurz an, nickten und gaben sie uns. Bonez war zufrieden und bereit, weiterzudrehen. Allerdings erinnere ich mich an die folgenden Momente, als hätten sie sich in mein inneres Auge eingebrannt.

Bonez stand vor einem Ferrari und performte mit der Waffe in der Hand. Shaho stand direkt vor ihm und filmte ihn aus nächster Nähe. Bonez lud und entlud sie immer wieder wild in alle Richtungen.

Ich beobachtete GZUZ, der sich das Szenario ansah und mitzählte, wie oft Bonez geladen und entladen hatte.

Wie in der Zeitlupenszene von „Der Pate" sah ich, wie sich sein Mund öffnete und er *„Hey, Johnny. Achtung!"* schrie.
Dann machte es Bang!

Ein Schuss hatte sich gelöst, und Bonez hielt sich die Hände auf eine Wunde in seinem Gesicht. Er bewegte sich kaum. Alle am Set richteten ihre Blicke auf ihn. Zwischen seinen Fingern quoll etwas Blut durch. Ich wartete nur darauf, dass er nach vorne kippte und liegen blieb.

Er nahm geschockt seine Hände weg und hatte trotzdem ein leichtes Grinsen im Gesicht.

Er fragte nur: *„Ist die Aufnahme drin?"* Shaho nickte.
„Top!", schrie Bonez.

Über seiner Backe war ein tiefer Schnitt. Der ausgelöste Schuss war in den Kies gegangen. Ein Stein war zurückgesplittert und hatte ihm die Backe aufgerissen..

„Kokain“ war nach vier aufreibenden Tagen im Kasten, und wir verließen Mexiko so schnell, wie wir gekommen waren. Am Flughafen traf ich zufällig die beiden Geschäftsmänner wieder. Sie waren direkt nach ihrer Ankunft in der Nähe des Flughafens von einer Bande ausgeraubt worden.

O

KAPITEL 30:

FAST LIFE

Zurück in Berlin tickte die Uhr herunter. Wir hatten noch zwei Wochen Zeit, um das Master unseres Albums fertig zu bekommen. Das Release-Konzert im Kölner Tanzbrunnen Mitte August war schon lange ausverkauft. Den Sommer über hatten wir jede Woche Festivalauftritte, und ich hatte noch meine Solotour durch Albanien, Montenegro und Bosnien vor der Brust. Ich erreichte spürbar meine körperlichen und mentalen Grenzen. Dieses Leben hat eine unvorstellbare Geschwindigkeit. Es prasseln Tausende Eindrücke auf mich ein, und ehe ich mich versehe, bin ich in der nächsten Stadt, vor der nächsten Crowd. Hunderttausende Gesichter, die auf mich blicken. Tausende Handys, die jeden Zentimeter von mir ausleuchten und mich dokumentieren. Während wir von Festival zu Festival zogen, versuchten wir am Album weiterzuarbeiten. Ich kann mir kaum vorstellen, dass man dieses Pensum nachvollziehen kann.

Tagsüber die kreative Arbeit an „Palmen aus Plastik 2", abends Menschenmassen. Ansonsten im Studio oder Videodrehs.

Ich war enttäuscht und etwas wütend, als ich die ersten gemasterten Tracks hörte. Es klang nicht nach uns. Der Mischer war neu und nicht auf uns abgestimmt. Es klang zu glatt, zu spröde und zu kommerziell. Ich setzte mich hin und mischte die Songs, so schnell es ging, selbst ab. Noch mal alles von vorne.

Der einzige Grund, weshalb Bonez und ich immer vorangekommen sind, ist, weil wir diesen gnadenlos ehrlichen Umgang miteinander pflegen. Wenn er mir auf die Nerven geht, weil er lieber kifft und kreative Storys postet, als seine Parts zu schreiben, kann ich ihm das ins Gesicht sagen. Wenn ihn mein Druck und meine Nervosität stressen, sagt er es mir ins Gesicht. Wir haben beide unsere Schwächen akzeptiert. Das Album entwickelte sich darum immer besser. Unser Stil wurde wieder erkennbar.

Wir wurden dennoch das eine oder andere Mal aus unserem kreativen Prozess herausgerissen. Zwischen den Festivalauftritten und der Produktion war noch eine Reise nach London geplant. Nike hatte uns für ein Shooting gebucht. Wir sollten wie Fußballstars ihre neue Kollektion präsentieren. Schon auf dem Weg zum Flieger spürte ich mich überhaupt nicht mehr. Ich wollte in meine Wohnung, zu meiner Familie und nicht wieder in dieses Gewühl von Gesichtern.

Der Flagship-Store in London, in dem wir fotografiert werden sollten, war extrem hell ausgeleuchtet. Fünf Visagistinnen schmierten uns Make-up ins Gesicht. Die Klamotten sahen beschissen aus.

Der Fotograf scheuchte uns von einer Pose in die nächste und prahlte damit, dass er schon Lewis Hamilton – und was weiß ich noch wen alles – fotografiert hatte. Jeder Anwesende am Set war in unserem Arsch. Alles war kommerziell und fake.

Ich war nicht gut drauf und konnte mich selbst nicht ansehen, wenn der Fotograf mir es auf dem Display vor die Nase hielt und meinte: „*Fantastic.*" Bonez hatte seinen Spaß und scherzte mit den Menschen dort. Und das machte mich noch unruhiger. Ich verstand nicht, wie er das alles so locker hinnehmen konnte, denn die Fotos sahen in meinen Augen scheiße aus und würden dennoch bald riesig über dem Herrmannplatz hängen.

Für mich gab es also kein Entrinnen. Ich wusste nicht, was mich mehr aufregte: die aufgesetzte Marketingmeute, der affektierte Fotograf oder ich selbst. Was hatte das noch mit mir zu tun? Ich schaute mir die Fotos an und sah einen verkleideten Clown mit meinem Gesicht – und dieses Gesicht wirkte müde und leer. Ich wollte weg. Ich verabschiedete mich nach dem Shoot, stieg in ein Taxi und ließ mich ins Hotel bringen. Dort legte ich mich aufs Bett und starrte an die Decke. Das Handy klingelte. Ich ließ es klingeln und wartete, bis es damit aufhörte. Die Nike-Leute wollten mit uns essen gehen. Ich verstand mich selbst nicht. Ich war am Ziel angekommen und schlug Einladungen in die besten Restaurants der Welt aus und blieb in meinem Hotelzimmer. Ich hatte das beste Leben, konnte es jedoch nicht genießen. Bis in die Morgenstunden fand ich keinen Schlaf.

Kaum hatten wir uns wieder für ein paar Tage im Berliner Studio eingesperrt und zwei Songs produziert, begann meine Tour durch den Balkan. Einige meiner Wiener Jungs kamen mit und freuten sich auf eine Woche Clubs, Party und Frauen. Ich selbst war immer noch auf Autopilot. Wir hatten gerade in Kroatien das Video für „500 PS" gedreht, und schon standen die nächsten Termine an. Meine Jungs empfingen mich in einem Hotel, und die dortigen Booker feierten mich wie einen König. Ich wollte ihnen mit der Tour durch ihre Heimatländer etwas zurückgeben, doch seit über zwei Wochen hatte ich keine Nacht mehr wirklich geschlafen. Ich entwickelte mit der Zeit eine Sozialphobie. Ich wollte keine Menschen mehr sehen. Sie und ihre Erwartung an mich machten mir nur noch Druck. Meine Jungs wollten mit mir durch die Stadt ziehen: feiern, Mädchen aufreißen, trinken. Doch ich konnte nicht. Irgendetwas in mir funktionierte nicht mehr.

Für die anderen war die Tour durch den Balkan eine einzige Party. Wir spielten jeden Abend Auftritte in Clubs vor einer besoffenen Meute. Ich fühlte mich zwar wie ein Ballermann-Sänger, und vor meinen Shows liefen Disco-Hits. Doch meine Jungs hatten die Zeit ihres Lebens. Das war es mir wert. Wir nahmen abends Frauen im Dutzend mit in unser Hotel und feierten jede Nacht. Tagsüber chillten meine Jungs am Pool und bereiteten sich auf die nächste Nacht vor. Ich blieb in meinem Zimmer und versuchte zu schlafen.

Am letzten Abend stolperte ich aus einem Hotel in Sarajevo auf die Straße. In den Zimmern meiner Jungs ging noch Party. Ich bahnte mir den Weg zu meinem Fahrer und ließ mich zum Flughafen bringen. Ich musste nach Köln zu unserer Release-Show. Bonez holte mich am Flughafen ab. Er saß tiefenentspannt in einer Limousine mit einem Drink in der Hand.

„Komm, Digga. Auf ins Hotel. Heute Abend ist Show.“

Ich setzte mich zu ihnen, und wir fuhren in das nächste Hotel. Ich verschloss die Zimmertür, zog die Vorhänge zu.

Nach einer Stunde klopfte es an der Tür. Durch den Lichtspalt sah ich eine Robocop-ähnliche Gestalt. Bonez stand mit riesiger Versace-Brille und in einer knallgelben Shorts vor mir und überfiel mich mit seiner Fröhlichkeit. Je ausgelassener er war, desto düsterer wurde ich.

„Soll ich das Licht anschalten, Digga?“

„Nein, alles gut. Lass es aus.“

Sein Lächeln verschwand, und es entwickelte sich eine Szene, die mir bis heute im Kopf geblieben ist.

„Was ist los. Was beschäftigt dich? Wir haben die Zeit unseres Lebens!“

Zuerst schwieg ich, doch dann kamen die Wörter immer konkreter aus meinem Kopf. Ich schilderte ihm meine Zerrissenheit. Der Erfolgsdruck durch meine Identität als „Star“, die mich verschlang. Das ständige Hin und Her. Ich schilderte ihm die Sorgen um meine Beziehung zu Anna. Die Schlaflosigkeit wegen Tausender Bilder, die ich nicht aus meinem Kopf bekam. Und Bonez hörte mir aufmerksam zu in seinem Party-Outfit.

„Komm, Digga, wir fahren jetzt erst mal eine Runde durch die Stadt.“

Wir setzten uns in ein Taxi und fuhren einfach Runden und tranken Jägermeister, bis wir im „Pascha“-Puff ausstiegen und dort an der Bar noch ein paar weitere Shots tranken. Bonez kam aus der gleichen Welt und verstand meine Gedanken. Weder meine Freundin, meine Schwester, noch meine Mutter konnten diese Gedanken nachvollziehen. Wir unterhielten uns mit einer Prostituierten über das Leben und gaben ihr ein paar Drinks aus. Von dort ging es direkt auf die Bühne. Irgendwie überstand ich den Abend. Wahrscheinlich wäre das der Moment gewesen, an dem ich die Warnsignale meines Körpers ernst nehmen hätte sollen. Doch ich machte weiter. Mein Pflichtbewusstsein ließ mir keine andere Wahl.

Dann ging es los: 16.000 Menschen, 16.000 grell leuchtende Smartphones in meinem Gesicht. Nach dem Auftritt: Shuttle nach Frankfurt zum Flughafen und ab nach Costa Rica.

An die einzelnen Momente kann ich mich nicht mehr erinnern, auch nicht an die hektischen Gespräche. Ich war in einem permanenten Dämmerzustand. Seit einigen Nächten hatte ich nicht mehr ohne Benzodiazepin geschlafen. Die Medikamente vernebelten mir die Sinne – viel schlimmer, als es jede Droge vermocht hätte. Ich hatte das Gefühl, nur eine Hülle hinterherzuschieben.

Wir landeten um 6 Uhr früh und begannen sofort zu drehen. Ich legte meine Jacke in den Bus neben mich und starrte nur aus dem Fenster. Wieder sah ich fremde Menschen und Häuser an mir vorbeiziehen. Bonez plauderte eine Reihe hinter mir angeregt mit den Leuten von der Produktionsfirma. Ich war müde und ruhig. Das Videokonzept war ziemlich simpel. Bonez, ich und die Natur. Wir waren auf einer Farm, auf der es Affen gab. Bonez sollte hier seinen Part aufnehmen. Ich blieb im Bus zurück und starrte aus dem Fenster. Bonez stürmte in den Bus zurück und riss mich aus dem Halbschlaf.

„Wie ignorant kann man eigentlich sein?"

Ich zuckte zusammen und sah ihn an.

„Steig aus und schau dir die Affen da drinnen an. So viele wirst du nie wieder auf einem Fleck sehen."

Ich tat ihm den Gefallen. Doch mir wurde bewusst, dass ich nicht nur erschöpft war, sondern dass da eine Depression langsam aus mir herausbrach. Ein Gedanke setzte sich fest: *„Noch ein Album, dann ist es vorbei."* Ich wollte aufhören. Irgendwo zuhause sein, eine

Familie gründen, Business machen und all das Highlife hinter mir lassen. Die dreitägigen Dreharbeiten gingen vorbei. Ich wusste am Rückweg zum Flughafen nicht mehr, was ich gemacht hatte, aber alle schienen zufrieden zu sein.

Der Tag des Releases rückte immer näher. Nur noch ein paar Wochen bis zur Veröffentlichung des Albums und nur noch sechs Stunden bis zur Veröffentlichung der Single. Am Telefon der komplett aufgelöste Shaho.

Er hatte drei Tage und Nächte durchgearbeitet, weil das Video perfekt werden sollte. Deshalb flog er extra nochmals nach Kroatien, um ein paar Shots nachzudrehen. Die Einstellungen und das Licht hatten ihm bei einer Szene nicht gefallen. So ist Shaho. Er wollte es besser machen. Leider ging auf dem Rückflug seine Festplatte kaputt. Mehrere Terabyte Videomaterial hatten sich verabschiedet.

Die Single kam auf den Markt, und wir charteten „nur" auf dem zweiten Platz. Der Grund dafür war, dass unser Video nicht rechtzeitig fertig geworden war. Shaho hatte aus dem Material und den letzten Resten aus seiner Kamera ein Video zusammengeschustert. Wir stellten es zwei Wochen später ins Netz, und die Fans liebten den Song.

In der Ferne warteten schon die Festivals und Club-Auftritte im September auf mich. Ich wollte nicht wieder meine Sachen packen und Anna alleine lassen. Ich entschied, dass wir ein paar Tage nach Barcelona abhauen, um ein bisschen Abstand zu gewinnen. Doch dazu kam ich nicht wirklich. In meiner Heimatstadt brodelte es.

Das Problem war hausgemacht: Ich war ein Star geworden und jettete um die Welt. Und die anderen buhlten um meine Aufmerksamkeit und um ein Stück vom Kuchen. Es entstand eine neue Hierarchie in meinem Bezirk. Derjenige, der mir näher stand, war höher angesehen als die anderen. Anfangs freuten sich alle, wenn sie in Videos mitmachen durften und wir ihnen Hotel und Anreise zahlten. Doch bald reichte das einigen neu dazugekommenen „Freunden" nicht mehr aus. Keiner von ihnen war reich oder hatte einen krassen Job. Ich konnte einige meiner Freunde verstehen. Ich wollte sie alle in meinen Clips haben, sie alle repräsentieren und ihnen Rampenlicht schenken. Aber wie fühlst du dich da, wenn du von Millionen Kids im Internet gefeiert wirst, sie dich auf der Straße erkennen und du aber am Montagmorgen beim Job-Center in der Schlange stehst? Das macht noch weniger Spaß, wenn einer deiner Jugendfreunde Millionär geworden ist. Ich erinnere mich noch daran, wie wir als Teenager überlegt hatten, was wir machen würden, wenn einer von uns reich werden würde. Teilen, na klar. Aber ich konnte nicht jedem einfach so 100.000 Euro schenken. Außerdem wurden es mehr und mehr Leute – und mein Kreis wuchs unkontrolliert, ohne dass ich es wollte. Jeder hatte jemanden, dem er den berühmten Rapper einmal zeigen wollte. So wurden aus fünfzehn Leuten beim Abendessen auf einmal 50. Und die Freunde aus der zweiten oder dritten Reihe begehrten plötzlich auf. Ich kannte sie nicht gut, aber sie waren Cousins oder Freunde von Freunden, die ich von Freunden kannte. Und die Bitten wurden häufiger: *„Meiner Mutter geht es schlecht. Kannst du mir 30.000 Euro leihen?" „Mein Bruder ist im Knast." „Mein Vater hat Schulden."*

Auch der Neid wuchs, und es kam zu Streitereien, die ich klären musste. Aber für mich gehörte das dazu. In dem Moment, in dem du die „Straße“ vergisst, hast du verloren. Darum kümmerte ich mich um die Probleme in Wien genauso wie um mein normales Geschäft. In diesen Monaten rund um den Release von „Palmen aus Plastik 2“ hatte ich viel damit zu kämpfen. In meinen Augen unnötige Telefonate um verletzte Ehre und Loyalität. Ich brauchte Abstand. Deshalb musste ich Wien verlassen.

Ich fuhr mit Agic und Sale nach Belgrad, wollte Ablenkung und war ungeduldig auf der Suche nach Beschäftigung. Ich brauchte, wie Bonez es zu sagen pflegt, bewegte Bilder. Als ich mit einem Whiskey in einer Rooftop-Bar saß und den Frauen beim Selfiemachen zuschaute, scrollte ich abwesend durch mein Handy. Ich sah, dass Spotify sowie die deutschen und österreichischen Charts für „Palmen aus Plastik 2“ einen Rekord nach dem anderen meldeten.

Bonez und ich hatten 16 der ersten 20 Plätze inne. Ö3 musste theoretisch alle 16 Songs spielen, da die Show „Austria‘s Top 40“ hieß. Doch das konservative Lager des Senders weigerte sich, das komplette Album zu spielen – auch wegen der krassen Texte. Kurze Zeit später vermeldete der österreichische Musiksender Ö3, dass er die Regularien für die Charts ändern musste.

Bonez verstand die Welt nicht mehr.

„Das ist doch lächerlich. Das ist doch, wie wenn man beim Fußball die Regel ändert, dass, wenn du als Team zu viele Tore schießt, beschlossen wird, dass drei Tore zählen."

Doch alles half rein gar nichts. Seit unserem Erfolg dürfen nur noch drei Songs eines Künstlers in den Charts in Österreich sein. Und irgendwie war das fast noch krasser. Sie änderten offiziell die Regelung der Charts eines europäischen Landes – wegen uns und für immer. Wir schrieben Geschichte.

Ich hatte einen Monat Pause, bis die größte Tour starten sollte, die es jemals im deutschen Hiphop gegeben hatte. Wir haben Arenen ausverkauft. Das gelingt sonst Herbert Grönemeyer, aber eigentlich keinen Rappern. Der Druck war nicht mehr zu messen, er flackerte als ständiger Begleiter um mich herum und besiegte meine Versuche, auf andere Gedanken zu kommen.

Ich erfüllte mir einen Traum und flog mit meiner Schwester, meinem Schwager und meiner Mutter nach New York, in der Hoffnung, dort in einer anderen Zeitzone etwas weniger Druck zu spüren. Es war nicht nur die erste Reise außerhalb Europas für sie, meine Mutter war auch zum ersten Mal in Amerika. Ich genoss diese Wochen sehr.

Meine Mutter interessierte sich aber nicht so wirklich für die Häuserschluchten, die Street Art und die bekannten Ecken der Stadt. Sie freundete sich schnell mit Neapolitanern in Little Italy an, trank mit ihnen Espresso und sprach darüber, dass das Essen in der Heimat immer besser ist als das Essen in Amerika.

Ich versuchte mich zu entspannen, doch in meinem Kopf ging ich ständig alles durch, was in den kommenden Wochen passieren sollte. Mein letztes Album und natürlich die übermächtige „Palmen aus Plastik 2“-Tour. 16 Termine in Arenen wie der Münchner Olympiahalle oder der Westfalenhalle in Dortmund. Hunderttausende Menschen würden auf mich warten. 16 Termine innerhalb von vier Wochen. Ich bemühte mich zwar, für Mama und Schwester den Trip so schön wie möglich zu gestalten, konnte aber weder den Central Park noch den Besuch des Empire State Building mit meiner Schwester richtig genießen.

Zurück in Berlin war mir klar, dass wir auf der Tour nicht die gleiche Show wie immer abliefern konnten. Wir konnten uns nicht einfach hinstellen, 90 Minuten auf der Bühne springen und uns dann wieder aus dem Staub machen. Es musste episch werden. Also machte ich mich an die Recherche. Ich schaute mir Shows von allen möglichen Leuten an. Guns`n`Roses, Bon Jovi, Aerosmith – die Rockgiganten der 80er-Jahre hatten die gewaltigsten Shows. Mit ihnen als Inspiration entwarf ich eine Bühnenshow für uns, die alles zerlegen sollte.

Ich kümmerte mich um jedes Detail. Die Requisiten aus den Videos, Lichtshow, Feuerwerk – ich designte alles selbst, indem ich es auf Papier skizzierte und Massimo schickte. Jeden Tag hatte ich Meetings mit der Bühnencrew, den Leuten, die die Visuals gestalteten, und bastelte so an unser Rockstar-Show, die es so in Deutschland noch nicht gegeben hatte. Bonez ließ mir freie Hand und schenkte mir sein Vertrauen. Für die restlichen 187er-Jungs bedeutete eine Vorbereitung auf eine Tour, dass sie fünf Tage lang proben mussten, in den Nightliner steigen und dann einen Monat Spaß haben konnten. Ich plante jedes kleinste Detail durch und musste über alles informiert sein.

Vor dem ersten Konzert in Münster lief Maxwell auf mich zu und sagte, komplett außer sich:

„RAF, Digger! Unter dieser Treppen, also wenn man sie umdreht, da stehn die Roller drin, und das wird dann zu 'ner Garage, Digger, heftig!" Ich lachte und dachte mir: *„Was für ein Glück Maxwell doch hat."*

Ich hatte dieses Detail über Monate mit dem Montageteam geplant. Für mich war die Tour eine große Schlacht. Es musste alles perfekt sein. Ich konnte nicht anders an die Sache herangehen. Ich freute mich auf die Shows und war neugierig, wie die technischen Ideen beim Publikum ankommen würden. Wir hatten alle Elemente der Videos in diese Show gepackt. Es schneite zu „An ihnen vorbei" von der Decke, ein drei Meter breites und sechs Meter langes Krokodil stand auf der Bühne. Wir hatten Feuer, eine vier Meter hohe Palme und einen Nachbau der Treppe aus Barcelona. Alle Elemente unsere Karriere und unserer Videos waren integriert. Die Rockstar-Show konnte kommen.

VON KONZERTEN

Routinierte Fallschirmspringer sind vor jedem Sprung aufgeregt. Vor jedem Sprung schießt dasselbe Adrenalin durch den Körper. Dieselbe Nervosität steigt auf. Routine bedeutet nicht, dass etwas langweilig wird. Routine bedeutet Wiederholung einer Ekstase. Einer Sache, die man liebt.

So ist es zumindest mit den Konzerten. Ich stand in meinem Leben über 1.000 Mal auf einer Bühne, bis heute ist es noch nicht „normal" geworden. Obwohl sich die Tage auf Tournee seltsam gleichen.

07.30 Uhr.

Ich wache auf im Nightliner. Die Koje ist etwa 80 Zentimeter breit, einen Meter hoch und zwei Meter lang. Ich öffne die kleine Luke und sehe mich um. Meistens weiß ich nicht, in welcher Stadt wir gerade angekommen sind. Der Blick aus dem Bus zeigt dasselbe Bild – die Mauer vor dem Hintereingang zu einer Location, die sich auch alle sehr ähnlich sind. Beim ersten Spaziergang wundere ich mich über die Größe der Halle und frage mich, ob in dieser Stadt tatsächlich so viele Menschen wohnen, um sie zu füllen. Und ich wundere mich, wie viele Menschen auf Tour dabei sind, die schon seit Stunden wach sind, um die ganze Bühne und das Bühnenbild aufzubauen. Von den Musikern bin ich meistens der Erste, der wach ist. Ich gehe zum Catering – Haferflocken und einen Apfel. Es gibt jede erdenkliche Schweinerei auf Tournee zu essen. Das Catering hat Hotelniveau. Ich weiß, dass der Tag lang wird und die Tour sowieso, also ist es das Wichtigste, einigermaßen fit zu bleiben.

08.30 Uhr.

Nach dem Frühstück treffe ich Momo. Er ist unser Tourmanager und weiß über alles Bescheid. Er organisiert einen Fahrer, der mich zu einem Fitness-Center bringt.

09.00 Uhr.

Ich stehe mit meinen Sportsachen vor dem Bus. Alle, die gestern noch motiviert waren, ab „morgen" mit mir jeden Tag zum Sport zu gehen, schlafen noch, also fahre ich mit Momo und Abudi, der oft auch schon früh wach ist.

12.00 Uhr.

Ich komme vom Fitness zurück. Mein Handy signalisiert mir, dass Bonez bereits wach ist. Ich habe drei neue Nachrichten von ihm – Videos vom Konzert am vorigen Abend, total verschwitzte Fan-Videos aus 50 Zentimetern Entfernung.

13.00 Uhr.

Wieder backstage. Ich gehe bei Bonez vorbei. Er liegt auf einer Couch und schaut auf sein iPhone. Je nachdem, wie viel er schon geraucht hat, dauert das Gespräch kürzer oder länger. Wir schauen uns ein paar Videos an, und ich ziehe mich in meinen Backstage-Bereich zurück.

13.30 Uhr.

Um diese Uhrzeit sind Joshi und die Jungs vom Merchandise-Stand in der Gegend. Einer der Twin Towers (Live-Musiker-Zwillinge, die immer dabei sind auf Tour) – ich weiß nicht, welcher von beiden – ist immer früher wach. Ich liege auf meiner Couch, habe nichts zu tun und beginne durch die Groupie-Videos zu zappen. Obwohl ich weiß, dass das Essen erst um drei kommt, spaziere ich im Catering vorbei, unterschreibe ein paar Poster oder fahre mit ein paar Jungs in die Stadt, um Unterhosen und Socken zu kaufen. Die Sachen werden nach jedem Konzert weggeschmissen, weil wir keine Waschmaschine dabei haben.

15.30 Uhr.

Nach dem Essen geht es zum Soundcheck. Das ist der Moment der Wahrheit. Dann merke ich, wie funktionsfähig meine Stimme noch ist. Ich hatte schon Tourneen, bei denen nach der zweiten Show meine Stimme komplett heiser war und ich Cortison nehmen musste, um einigermaßen performen zu können. Wenn der Soundcheck so verläuft, dass ich das „Roller" von „Palmen aus Plastik" ohne Krächzen singen kann, bin ich entspannt. Wir spielen vier oder fünf Songs. Meist sind es dieselben. Es sind noch drei Stunden bis zur Show. Noch ist die Nervosität nur unterbewusst spürbar.

16.30 Uhr.

Ich lege mich in den Tourbus, und Momo weiß, dass er mich um 18.30 Uhr holen soll, damit ich mich dann für die Show vorbereite. Meistens schlafe ich von diesen zwei Stunden keine zehn Minuten, sondern schaue in meiner winzigen Koje auf mein Handy.

18.30 Uhr.

Momo ruft: „Bruderherz." Dann geht es los.

Der Backstage-Bereich ist voll. Maxwell und GZUZ sind inzwischen auch wach und gerade dabei, in Stimmung zu kommen. Ich richte mir in meinem Backstage mein Outfit für die Show her. Tatsächlich habe ich zehn Ausführungen desselben Trikots, damit es sich jedesmal frisch anfühlt, ich aber dennoch an das Outfit gewöhnt bin. Ich wechsle während einer Show bis zu viermal das Outfit, und jedes Mal habe ich dafür weniger als drei Minuten Zeit. Ansonsten würde ich meinen Bühneneinsatz verpassen.

19.00 Uhr.

Bonez und ich bereiten uns auf die Show vor. Je nachdem, wie nervös ich bin, trinke ich entweder „Hausfrauenkoks" oder „Karneval Vodka". Das „Hausfrauenkoks" kenne ich aus meiner Zeit als Vorgruppe von K.I.Z., die es wiederum von der Punkband „Die Ärzte" gelernt haben. Es ist eine Mischung aus Sekt und Red Bull. Es macht nicht wirklich betrunken, aber pusht ordentlich für die Show. Ich habe es in 15 Jahren nicht geschafft, mir meine Aufregung abzutrainieren. Mich machen nicht die Zuschauer nervös, sie verschwimmen ohnehin zu einer anonymen Menschenmasse. Es sind die Handys. Handyvideos sind gnadenlos. Selbst der kleinste Ausrutscher landet im Netz.

19.30 Uhr.

Bonez hat sich sein Outfit zusammengestellt. Er trägt jeden Tag ein anderes. Wir hören 90er-Jahre-Dancehall und sind alleine zu zweit. Meine innere Uhr übertönt die Boombox, die auf voller Lautstärke durch den Backstage schallt. Seine Vorfreude auf die Show löst auch in mir Vorfreude aus. Jede Minute steigen mein Alkohol- und mein Adrenalinpegel.

19.45 Uhr.

Momo kommt backstage und befestigt uns die In-Ears am Hosenbund. Jetzt weiß ich: Gleich geht es los. Im In-Ear läuft Joshis Show, und ich höre sein Mikrofon genau über meinen Kopfhörer. Anhand seiner Stimme und wie laut die „Chardonnay"-Sprechchöre seines gleichnamigen Songs sind, erkenne ich, wie gut die Stadt drauf ist.

19.50 Uhr.

Unsere Tourcrew – Momo, Rabhir, Abudi, Marten, Massimo und Berty – steht vor unserer Backstage. „Männerz. Los gehts." Je nachdem, wie gut drauf wir sind, gehen wir mit oder ohne Boombox vor zur Bühne. Wir laufen vorbei am Hallenpersonal und den Securitys, die uns meistens alle abfilmen, weil wir in einem Mob von bis zu 40 Leuten Richtung Bühne schreiten. Es fühlt sich an wie vor einem Boxkampf.

20.00 Uhr.

Wir stehen hinter der Bühne. Pascal, der Tour-Fotograf, schießt noch ein letztes Bild vor der Show. Es ist dunkel im Saal. Nur leise Ambient-Musik der französischen Gruppe PNL läuft. Wir werden hinter dem Vorhang auf unsere Markierungen gestellt und schlagen mit den Twin Towers und DJ Envie Moto auf eine gute Show ein. Momo umarmt mich brüderlich. Bonez und ich machen uns für den Ring-Check bereit. Wir schlagen unsere identischen Ringe aneinander. Wenn ein lautes „Kling" hörbar ist, wird es eine gute Show.

Ich gebe mir durch meinen leicht angelernten Aberglauben dabei immer besonders viel Mühe, den Ring zu treffen. Massimo erinnert uns über die Kopfhörer daran, in welcher Stadt wir sind, und gibt uns die letzten Anweisungen. Er zählt den Countdown zum Intro runter.

20.14 Uhr.

Die Scheinwerfer hinter uns gehen an, und wir werfen zwei riesige Schatten über den gesamten Backdrop. Die Masse jubelt und schreit den Countdown unseres Intros mit: Drei! Zwei! Eins! Boom!

RAF-C
2
2

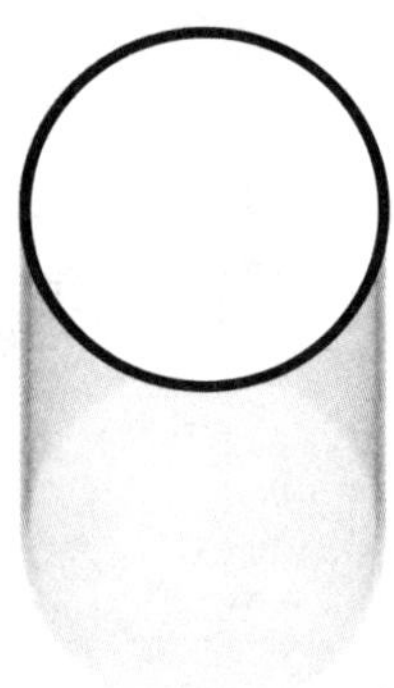

KAPITEL 31:
LIMIT

Die ersten Auftritte vor diesen gigantischen Mengen an Menschen waren für mich eher irritierend. Die Fans waren durch tiefe Gräben von uns getrennt. Es waren 20.000 Leute vor uns, aber wir konnten sie nicht so mitnehmen wie in kleinen Clubs. Trotzdem war es absolut beeindruckend, wie viele Menschen wir mit unserer Musik begeistern konnten. Ich fühlte, dass ich meinen absoluten Höhepunkt erreicht hatte. In mir hatte sich etwas zusammengebraut: in einem Moment depressive Schübe, im anderen Euphorie.

Manchmal lachte ich ausgelassen, an anderen Tagen sah mich niemand und ich verbarrikadierte mich im Tourbus in meiner Koje. Das vierte Konzert der Tournee stellte einen Wendepunkt dar. In Erfurt waren über 15.000 Menschen in der Messe. Ich hatte schon die zwei Nächte davor kein Auge zugetan und lag wieder wach. Die Gedanken rasten durch meinen Kopf. Wir waren am Vortag der Show angereist, hatten uns extra Hotelzimmer genommen, und jeder machte an diesem Off-Day Party. Im Zimmer nebenan hörte ich die gesamte Crew – inklusive Band und Techniker –, wie sie Party machten. Ich hatte in der Nähe unseres Hotels eine Kapelle auf einem Hügel gesehen, als wir mit dem Bus durch Erfurt gefahren waren.

Dort wollte ich hin, um endlich Schlaf zu finden. Ich ging durch die dunklen Straßen auf den Hügel zu. Die Laternen schienen nur blass. Plötzlich hielt mit quietschenden Reifen ein Auto hinter mir. Ich drehte mich nicht um und stand im Scheinwerferlicht, ohne mich zu bewegen. Stimmen rissen mich aus meinen Gedanken.

„Das ist doch RAF Camora. Eh, können wir ein Foto machen?" Ich hörte sich öffnende und zufallende Autotüren und fühlte mich im Licht der Scheinwerfer wie ein Vampir, der von den ersten Sonnenstrahlen erfasst wurde. In mir kochte eine unfassbare Wut hoch. Ich blickte in erstaunte und erschreckte Gesichter. In diesem Moment symbolisierten diese vier Jungs all meine Schlaflosigkeit.

Sie waren geschockt von der Wut in meinen Augen. Man sagte mir schon als Kind, dass meine Augen sich schwarz färben würden, wenn die Wut in mir hochsteigt. Als sie wieder um die Ecke bogen, atmete ich tief durch. „Was ist hier gerade passiert, wie konnte ich so sein?" Ich hatte diese Charakterzüge bei all den Stars immer verurteilt, dachte ich mir, während sich mein Puls langsam beruhigte.

Am nächsten Morgen bat ich Massimo, unseren Tourmanager, um ein Gespräch. *„Massimo, bitte besorg mir Tabletten, irgendwas, damit ich wieder klarkomme und schlafen kann."*

Massimo kümmerte sich und brachte mir bereits ein paar Stunden später Benzos, um über die Runden zu kommen. Doch nach dem Auftritt in Erfurt spielte mein Körper nicht mehr mit.

Ich brach im Backstage nach der Show zusammen, und ein Arzt diagnostizierte einen gefährlichen Erschöpfungszustand, gepaart mit Fieber und Grippe.

„Sie müssen diese Tour stoppen, Ihr Körper macht das nicht mehr mit!", sagte der Arzt zu mir.

„Undenkbar. Geht nicht", antwortete ich ihm.

Der Arzt akzeptierte kopfschüttelnd meine Einwände, erstellte uns dann aber eine Behandlungsmethode, die mich auf Tour „am Leben" halten sollte. Jeden Tag bekam ich eine Infusion, die mich intravenös mit einem Cocktail aus Schmerzmitteln, Paracetamol, Vitaminen und Koffein versorgte. Vor den Auftritten putschte ich mich so auf, und danach bekam ich Benzos zur Betäubung, damit ich schlafen konnte.

Nach den Shows setzte ich mir Kopfhörer auf und hörte das Lied „Bang“ von PNL, während ich wie in einem Videoclip durch den Backstage-Bereich in meine Kabine ging. Überall waren Menschen, die mir zur Show gratulierten. Das Einzige, was ich innerlich spürte, war nur noch die narkotisierende Wirkung der Medikamente. Ich sah ihre Lippenbewegungen wie in Zeitlupe.

Als ich in München gerade von der Bühne gekommen war und mich unter die Dusche stellte und das Adrenalin durch meine Venen pumpte, drang ein Sonderkommando der bayerischen Polizei in den Backstage-Bereich ein. Zwei Beamte zogen mich aus der Kabine, gaben mir nach zehn Minuten ein Handtuch und ließen mich weitere 90 Minuten vor der Dusche stehen. Maxwell hatten sie mitgenommen und in einen abgedunkelten Raum mit den Worten *„Das ist Hitlers Stuhl. Jetzt ist vorbei mit euren Spielchen“* gesetzt. Bei Bonez haben sie bei der Blutabnahme sicher zehn Mal neben die Ader gestochen. Die Beamten wollten sie einfach quälen.

Nachdem GZUZ sie mit den Worten *„Na, sucht ihr eure Töchter?“* begrüßt hatte, ging es stundenlang so weiter. Es war nicht mehr Polizei gegen Straftäter. Es war, als würden zwei verfeindete Hooligan-Truppen aufeinanderprallen – und hier in München hatten sie das Sagen.

Letztendlich haben mich zwei Personen auf dieser Tour begleitet, ohne die ich es nicht überstanden hätte.

Meine Freunde und Bodyguards Momo und Abudi gaben mir Kraft und Durchhaltevermögen. Ich fühlte mich wie in meinem Song „Brief", den ich an mein 30 Jahre älteres Ich geschrieben habe. Ich sah vor mir mein Haus mit Blick über Wien. Vor mir spielen meine Kinder. Eine Frau sieht auf die Stadt. Meine Frau.

„RAF, Bruder, RAF." Ein kalter Schwall Wasser weckt mich wieder auf. Neben mir Momo. Hinter ihm steht ein Arzt. Ich höre Stimmen.

„Er hat hohes Fieber und braucht Ruhe."

„Das ist alles psychisch bedingt."

Ich spürte einen Stich in meinem Oberarm und sank wieder in den Schlaf. Einfach Ruhe haben. Ohne Rap, Straße, Fans und Blitzlicht. Jetzt nur noch durchhalten. Noch ein Album, und dann ist alles vorbei. Finishing Move.

KAPITEL 32:

SCHWARZE MATERIE

Endlich wieder zuhause. Die Beschwerden ließen dennoch nicht nach. Eine bohrende Müdigkeit, die es mir immer schwerer machte, auf Instagram genau das Gegenteil darzustellen.

Längst war ich nicht mehr der, der ich noch zu Zeiten von „Ohne mein Team" gewesen war. Ich sah mich selbst auf den Postern, aber irgendetwas passte nicht mehr zusammen. Ich musste raus aus der Dunkelheit. Ich wollte diese Seite an mir nicht mit meinen Fans teilen. Das alles hatte nichts mit meiner Musik zu tun, nichts mit RAF Camora.

Trotz all meiner Versuche, meine Beziehung zu retten, war es letztendlich Anna, die aussprach, was schon lange überfällig war.

„RAF, ich habe, während du auf Tour warst, nachgedacht. Bei dir steht in deinem Leben die Musik an absolut erster Stelle, dann kommt deine Familie, dann lange nichts und dann vielleicht eine Beziehung, allerdings bezweifle ich, dass du wirklich eine Beziehung willst. Was du suchst, ist deine Selbstverwirklichung, Liebe suchst du nicht. Ich leide und du leidest darunter, diesen Weg musst du jetzt alleine gehen."

Sie hatte recht. Es konnte so nicht weitergehen. Ich konnte sie nicht weiter aus der Schublade holen und wieder dorthin zurücklegen, so wie es mir gerade passte.

RAF Camora hatte gewonnen. Von nun an gab es nur noch den Rap-Star. Doch ich fand einen neuen Antrieb: Hass, Rache und die dunkle Seite der Macht. Ich wollte es allen zeigen. Es war auch eine Vendetta gegen mich selbst. An dem Teil an mir, der nicht an mich geglaubt hatte.

Ich holte mir eine Rolex Rose Gold um 35.000 Euro. Danach den Ferrari, von dem ich schon als Kind geträumt hatte. 2012 hatte ich noch Tränen vor Glück in den Augen, als ich meinen Alfa Romeo abholen konnte. Jetzt aber fuhr ich mit Joshi nach Dresden, um den Ferrari abzuholen, doch das Glücksgefühl wollte sich nicht einstellen.

Ich fuhr mit den Jungs im Ferrari, Maserati und AMG durch Wien. Nicht durch den 15. Bezirk, sondern durch die Innenstadt. Vendetta an denen, die sich immer für besser gehalten hatten. Nun waren wir in ihren Lebensraum eingedrungen, und je unwohler sie sich fühlten, desto besser fühlte ich mich. Wir gingen in ihre Cafés, wo normalerweise Dresscode herrscht, und saßen dort im Jogginganzug. Aber keiner wagte es, uns rauszuwerfen. Denn ich hatte inzwischen einen Namen, und es war „erlaubt".

Die 10.000-Euro-Rechnung im Hotel Meridien, als wir die komplette Bar, die sonst nur für Politiker und teure Escorts gedacht war, leer tranken und Kebab dorthin bestellten: Das war Vendetta. Rache ist ein gutes Gefühl. Ich spürte wieder Leben in mir. Ich dachte, jetzt gehe ich ins Studio. Jetzt ficke ich alles.

KAPITEL 33:

DIE DUNKLE SEITE DER MACHT

Mein Album „Zenit“ spiegelt diesen Zustand zwischen Hass, Verlorenheit und Sehnsucht wider. Ich arbeitete akribisch an diesem Album und saß von frühmorgens bis spätabends gemeinsam mit den „Cratez“, einem von mir gesignten Produzententeam, und Hamudi in meinem Studio. Ich hatte ein letztes Ziel: ein letztes Mal allen beweisen, was ich drauf hatte. Nicht nur musikalisch, sondern auch bei der Promo und den Videos. Alles sollte perfekt und wie aus einem Guss wirken.

Ich pendelte zwischen Wien und Berlin und entwickelte für mich einen neuen Alltag. Ich lebte im Sofitel, schrieb tagsüber Songs, und abends lud ich Frauen zu mir ein. Und alle sagten zu.

Es reichte eine Nachricht. Ich feierte bis morgens in Clubs. Jetzt, wo es möglich war, alles auszuleben, was ich vorher nicht zugelassen hatte, genoss ich diese Freiheit in vollen Zügen. Nach „Zenit“ wollte ich mich zurückziehen – für immer. Doch jetzt feierte ich ausgiebig meine letzten Tage als Rockstar.

Ich machte daraus ein Spiel und testete, wie weit ich gehen konnte. Frauen gab ich auf der Straße kommentarlos meine Zimmernummer oder schrieb sie auf Instagram an und schaute, ob sie kamen. An manchen Tagen kamen mehrere gleichzeitig zu mir ins Hotel.

Eines Abends rief mich Bonez an.

„RAF, was geht bei dir?“

Ich antwortete ihm – und Bonez stockte der Atem. An einigen Erzählungen merkte er, wie sehr ich mich von mir selbst entfernt hatte.

„RAF, pass auf, dass du dich nicht verlierst!“

Allerdings konnte ich wieder durchschlafen und war wie entfesselt. Die Tage wiederholten sich. Ich wachte mit einem Kater auf, ging runter zum Schwedenplatz. Dort warteten meine Jungs mit dem Maserati. Wir fuhren zum Frühstücken in den 15. Bezirk.

Ich wartete darauf, dass sich die Leichtigkeit einstellt, aber es wurde nur schwarz in mir. Diese Dunkelheit dringt durch jeden Text von „Zenit“. Mein Zwiespalt, das Warten auf meinen Weg. Doch nichts stellte sich ein. Der Rabe hatte sich in mein Ego gefressen und den nächsten Tribut gefordert. Raphael Ragucci wurde von RAF Camora verschlungen.

KAPITEL 34:

ZENIT

Langsam formte sich aus den Songs und Beats ein Album. Zum Start der Arbeit an „Zenit“ beeinflusste mich der Rap-Sound aus Marseille besonders. Mir gefielen die Bässe, das Tempo, die Drums. Es klang fresh und sollte mein roter Faden für „Zenit“ werden. Zudem hatte ich immer eine spezielle Beziehung zu dieser Stadt. Als ich 14 Jahre alt war, lief ich wegen der Probleme von zuhause weg. Ich fuhr schwarz mit dem Zug bis in diese südfranzösische Stadt am Meer. Wie bei meinem Berlin-Besuch viele Jahre später kannte ich niemanden dort und bin ohne Plan und Connections einfach losgefahren. Doch Marseille war schon bei meinem ersten Besuch immer gut zu mir. Ich hatte Jungs am Bahnhof kennengelernt, die aus dem Quartier Nord kamen. Sie nahmen mich auf und behandelten mich wie einen von ihnen. Ich bekam einen Schlafplatz, zu essen und Haschisch, das nicht wie in Wien nach Autoreifen schmeckte. Jahre später wollte ich Marseille nun öffentlich die Liebe zurückgeben, die es verdiente.

Die erste Single und das dazugehörige Video „Vendetta“ wollte ich unbedingt dort mit meinen Marseiller Jungs drehen.

Neben den Musikvideos hatte ich immer die Vision einer krassen Aktion, um mein Album anzukündigen. Ich dachte an einen riesigen Raben aus Feuer. Er sollte vor den Augen Wiens brennen. Leider sammelte mein Management eine Absage nach der anderen von der Wiener Stadtverwaltung ein, die uns für so eine Aktion keine Freigabe geben wollte. Die Aktion und die Planung ließen mich nicht los. Ich träumte einige Nächte hintereinander von der Kick-off-Aktion. Ich sah meine Vendetta vor mir. Diese Stadt, die ich im Herzen trug, die mich aber so oft abgelehnt hatte, und immer wieder den brennenden Raben. Es sollte für mich der endgültige Abschluss werden. Ich fühlte in den Träumen, wie mir eine Last von den Schultern fiel.

Ich wollte dieses Gefühl nun endgültig auch in der Realität spüren. Gemeinsam mit meinem Team entwickelten wir dann ein Konzept, das die Stadt uns freigab und mit dem ich dieses Buch eröffnet habe. Was für ein Moment.

Die Tage nach dem Kick-off in Wien waren verrückt. Zuerst genoss ich das Gefühl, dieser Stadt ihre Rap-Ehre wiedergegeben zu haben, dann wurde es gespenstisch. Ich fuhr über den Gürtel, vor, hinter und neben mir drängten Autos. Handys blitzten an jeder Ampel. Jede Immobilienmaklerin, jeder Bäcker, jeder Kebab-Verkäufer wusste, dass ich die komplette Stadt lahmgelegt hatte. Jeder kannte mich. Und nicht nur mich. Auch meine Schwester wurde von Fans verfolgt. Sie war zu diesem Zeitpunkt schwanger und hatte sich vor einigen Monaten erst verlobt. Ihren zukünftigen Mann hatte sie in Berlin kennengelernt, als sie mich in den ersten Monaten dort unterstützte. Jetzt lebten die beiden in einem Arbeiterbezirk in Wien. Die Kids rannten ihrem Auto bis in die Tiefgarage hinterher. In Fünfhaus lungerten Leute vor meiner Haustür und standen irgendwann vor meiner Wohnungstür. Vor meinem Hotel warteten die Fans. Sie kamen nach der Schule und blieben bis spät in die Nacht. Ich spürte, wie mein Sieg auch eine Niederlage für mich war. Der Triumph wurde zum Problem. Der Rabe forderte seinen nächsten Tribut: meine Privatsphäre.

In meinen Augen lief meine Maschine nun aber erst an. Ich wollte alles aus dem Album holen, was möglich war. Zum Release des „Vendetta"-Videos flogen Flugzeuge über Wien, die das Datum auf einer schwarzen Flagge zeigten. Fallschirmspringer, komplett in CORBO, verdunkelten den Himmel und verkündeten die Single per Fallschirm. Ich wollte allen zeigen, was ich kann, auch der Konkurrenz. Ich beobachtete junge Künstler wie Apache ganz genau.

Apache aus Mannheim war mir bereits vor seinem Hype durch den Musikmanager Hadi El-Dor vorgestellt worden. Hadi hatte den Newcomer auf dem Schirm und versuchte nun, uns zusammenzubringen. Hadi hatte nicht zu viel versprochen – ich sah sofort, was für ein großes Talent er war. Ich erinnere mich noch an unser erstes Treffen, aus dem mir ein Satz von Apache noch in

Erinnerung geblieben ist. Er trug bei unserem Treffen eine Rolex – die gleiche, die ich auch trug. Allerdings sah ich, dass sie nicht echt war.

„Wo hast du die gekauft?“, fragte ich ihn lächelnd.

„Türkei. Aber eines Tages wird sie echt sein.“

Mir gefiel seine Einstellung, seine Songs, alles war Bombe, und ich bin ehrlich: Ich sah in ihm schon so etwas wie einen Nachfolger für meine Art von Musik. Allerdings war der Zeitpunkt unseres Treffens einfach denkbar ungünstig. Ich konnte mich so nicht auf einen neuen Künstler konzentrieren. Das hätte ihm auch nicht die Wertschätzung entgegengebracht, die er gebraucht und auch verdient gehabt hätte.

Apache unterschrieb letztendlich bei Bausa und Lucas Teuchner, die sich seither um ihn kümmern. Ich glaube aber immer noch, dass Apache gut zu uns gepasst hätte.

Mit Apache war jetzt ein weiterer Hype-Künstler am Start, der nun auch fleißig neue Musik auf den Markt brachte – genau zu dem Zeitpunkt, als ich mit „Vendetta“ als Single herauskam. Ich chartete mit „Vendetta“ nicht auf der Eins, sondern auf Platz vier oder fünf. Vor ein paar Jahren wäre das noch ein unglaublicher Erfolg für mich gewesen, jetzt ließ es mich zweifeln. Ich hatte zwar mit Abstand die meisten Boxen verkauft, aber es reichte mir nicht, ich wurde gierig. Wirtschaftlich war das kein Problem. Ich verdiente an den Erfolgen vieler Künstler mit, weil meine Produzenten, die „Cratez", wirklich sehr viele Hiphop-Acts produzierten und ich sie unter Vertrag hatte. Das Problem war mein Ego. Es ließ keine Konkurrenz zu. Das war der nächste Tribut des Raben. Ich war süchtig nach dem absoluten Erfolg und wusste nichts anderes mehr zu schätzen als den alles andere überstrahlenden Triumph.

Mit der zweiten Single verhielt es sich ähnlich. „Adriana" war für mich von Anfang an der Hit des Albums. Ich hatte den Song inmitten meiner wilden Zeit in Wien geschrieben. In Sehnsucht nach einer Adriana, mit der ich ein Zuhause und Kinder haben könnte. „Adriana" klang wie ein Hit. Durch das von Bladerunner inspirierte Musikvideo sah der Song auch aus wie ein Hit. Für den Dreh waren wir noch mal nach Tokio geflogen, diesmal aber mit anderer Besetzung. Ich hatte neben Shaho für das Video noch Hamudi dabei sowie die „Cratez", mit denen ich in Tokio weiter am Album und an Songs arbeiten wollte. Um in Stimmung zu kommen, wollte ich dieses Mal nicht in einer Airbnb-Bude gestapelt mit den Jungs pennen, sondern im Stile eines Rockstars. Ich mietete mir eine Suite direkt am Shibuya Crossing, mit riesiger Fensterfront.

Wir bauten Equipment auf, ich rappte meine Songs mit Blick auf mein Tokio ein – es war perfekt.

Meine Jungs feierten die Stadt extrem, und gemeinsam mit ihnen haben wir uns viel angesehen, uns durch die besten Restaurants gegessen und parallel noch das Video abgedreht.

Doch in Tokio kreisten meine Gedanken ununterbrochen um die letzten Wochen meiner Karriere. Bei einem Spaziergang durch Shibuya zur Primetime fiel mir auf, wie anders Musik in Japan promotet wird. Riesige Lastwagen mit LED-Billboards und Soundsystemen fuhren im Kreis durch die Straßen, um die neuesten J-Popstars noch bekannter zu machen.

Warum machte das in Deutschland niemand?

Nach meiner Rückkehr nach Berlin erklärte ich Ronny die Idee, der sich sofort an das Organisieren machte.

Zum Start von „Adriana“ war es dann so weit: Ein umgebauter Transporter fuhr in einer Autokolonne durch Berlins Straßen. Der Wagen hatte drei große Bildschirme, auf denen das Video zu „Adriana“ lief, dazu pumpte der Song aus den Boxen. Hostessen verteilten „Zenit“-Shirts und Promo-Material. Auf das Video war ich besonders stolz, da ich noch nie so viel Zeit in die Perfektion gesteckt hatte.

Shaho, ein ganzes Team an VFX-Spezialisten und ich hatten insgesamt drei Monate an dem Video gearbeitet. Ich hatte unglaubliche Erwartungen, als das Video bei YouTube startete.

Dann kamen die Charts: „Adriana" ging nicht auf die 1. Natürlich wurde das Video binnen 24 Stunden eine Million Mal geklickt und ging in drei Ländern auf Gold beziehungsweise Platin. Aber in meinem Größenwahn hatte ich mehr erwartet. Einen Versuch hast du noch, dachte ich mir. Als „Adriana" gerade veröffentlicht war, machten wir uns an die Arbeit für die nächste Single.
„Puta Madre" – war die letzte Auskopplung vor meinem Abschied auf Albumlänge am 3. November 2019.

Das Musikvideo dazu drehten wir zum Teil in Turin mit über 7.000 bosnischen Hooligans. Es war ein unglaubliches Gefühl, so viele Menschen hinter mir zu haben. Sie kannten und respektierten mich. An dieser Stelle Dank und Respekt an die Anführer der „BIH Fanaticos" sowie an Pireli und Agics´ „Belaj Boys", die das möglich gemacht hatten.

Danach kamen die Jungs aus Marseille nach Wien, denen ich nun auch in Wien die Ehre erweisen wollte. Sie kamen aus dem Flieger und waren beeindruckt, wie nah Wien an Osteuropa liegt. Nur ein paar hundert Kilometer von den Orten entfernt, von denen die Kalaschnikows kommen, von denen sie immer singen. Abends zerlegten wir das Hotel. Man hörte bis in die Lobby, was in unseren Stockwerken los war. Die Jungs (viele von ihnen waren niemals vorher überhaupt raus aus Marseille oder Frankreich gekommen) trafen auf die Wiener Frauen.

Eine explosive Mischung, und diesmal war ich mit dabei und konnte es genießen. Alles, was ich noch wollte, war, meinen Abschied perfekt zu inszenieren. Die Treffen mit den Jungs aus Bosnien und Marseille waren der Auftakt meiner persönlichen Abschiedstournee, und das nächste Highlight folgte: meine „Zenit"-Release-Party!

Zum Start des Albums lud ich die komplette Hiphop-Industrie in „mein" Sofitel ein. Sie kamen in einem „RAF Camora"-gebrandeten Privatjet aus Berlin auf dem Wiener Flughafen an. In einem langen Limousinen-Korso ging es ins Sofitel. Es sollte eine monströse „Zenit"-Privatparty werden – und die wurde es auch. Ich betrank mich gemeinsam mit meinen Wiener Jungs und der 187 Strassenbande. Um uns herum versammelten sich Frauen in Miniröcken. Jede Einzelne hatte gefühlt nur ein Ziel: heute Abend mit einem Rap-Star zu schlafen. Es war eine absurde Show. Ich hörte ein paar Wortfetzen von einem Reporter, der sich mit einigen Leuten vom Radio unterhielt: *„… und dann wundern sich die Leute, dass die Jungs so ein seltsames Frauenbild in ihren Texten haben. Schauen Sie sich doch einfach mal um!"*

Mir waren die Frauen zu dem Zeitpunkt aber egal. Nachdem mein Album nun draußen war, stand ich mit einem Fuß in Freiheit. Das Einzige, was ich nun noch zu tun hatte, waren Zusatzkonzerte der „Palmen aus Plastik 2"-Tour, die ich mit Bonez aufgrund der großen Nachfrage noch vor mir hatte. In meinem Geist lief der Abspann meines Films bereits. Doch einen Coup hatte ich für das Album noch: Ich hatte noch einige Songs von „Zenit" übrig, die ich drei Monate später als „Zenit RR" herausbringen wollte – eine weitere Version des Albums, die mich nun noch etwas länger in den Charts halten sollte und den Fans noch das letzte Material von RAF Camora geben sollte.

Am 10.01.2020 war dies mein letztes Geschenk an die Fans. Ich zog den Stecker. Meine Karriere war vorbei.

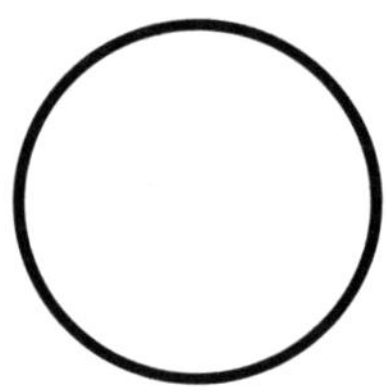

KAPITEL 35:

STILLSTAND IST DER TΘD

Nach dem Launch verbrachte ich noch eine Woche in Berlin, doch ich hielt es nicht mehr aus. In der Wohnung klebten zu viele Erinnerungen an die Trennung und an meine Zeit als „Mensch" Raphael Ragucci, als dass ich dort noch eine ruhige Minute hätte verbringen können. Und der Stillstand machte mich unruhig. Einerseits war ich erleichtert, das alles hinter mir zu lassen. Endlich lagen der Konkurrenzkampf, die Straße und die ständige Suche nach Bestätigung hinter mir. Andererseits war ich aber auch überwältigt von den Möglichkeiten, die mir nun offenstanden. Wer wollte ich sein? Was wollte ich machen? Wo wollte ich leben?

In den letzten Monaten vor meinem Karriereende hatte ich oft dieselben Bilder vor mir. Ich wollte mein Business fortführen und mich um meine Familie kümmern. Meine Schwester hatte sich verlobt und war schwanger.

Meiner Mutter kaufte ich eine Wohnung über meiner Schwester. Ich wollte viel Zeit mit ihnen verbringen. Doch ich schmiedete gleich neue Pläne und buchte Flüge nach Los Angeles. In Wien sollten im Lauf des Jahres mein Barbershop und mein Tattoo-Shop eröffnen, und mir fehlten noch einige Ideen. Deshalb flog ich mit einigen Freunden und Geschäftspartnern zur Tattoo Convention und besuchte die Erfinder von „Bang Bang", dem angesagtesten Tätowierer-Laden in ganz New York. Wenn ich etwas machte, dann sollte sich das Ergebnis zeigen lassen können. So war es mit meiner Musik, und so sollte es auch in der Zeit nach meiner Karriere sein. Meine Läden sollten zu den absoluten Highlights in Wien werden. Ich war nicht nur geschäftlich in den USA unterwegs, sondern traf mich in New York auch mit einem Influencer-Model, das ich schon seit einigen Monaten datete. Ich wollte mich nach der Trennung und dem Highlife der letzten Monate wieder auf eine Frau konzentrieren, diese Affäre aber erst mal für mich behalten. Leider bekamen Stalker davon Wind, was einen Shitstorm gegen sie, mich und meine Familie zur Folge hatte. Auch Anna wurden Bilder zugeschickt. Das brach ihr das Herz – und sie den Kontakt zu mir endgültig ab.

Die Presse wurde aufmerksam, und ich landete in den Schlagzeilen. Ich wollte diese Welt verlassen, aber sie hielt mich weiter fest. Über die sozialen Netzwerke prasselte jeden Tag Traffic der Fans herein. Sie kommentierten jeden einzigen Schritt von mir, teilten die Artikel über mich, feierten mich oder stellten mich an den Pranger. Ich konnte mich von dieser Welt nicht lösen. Egal, wie sehr ich es auch wollte. Es war Zeit für einen Schlussstrich. Kurz entschlossen wollte ich meinen nächsten Plan in die Realität umsetzen und mir mein Haus am Strand kaufen. Abudi suchte nach einem Airbnb in Barcelona, und ich flog direkt von New York dorthin.

KAPITEL 36:

X.II.2020

Meine Ankunft in Barcelona am 10. Februar war ein wichtiger Tag für mich. Ich wollte mein Leben neu ordnen. Wien, Berlin, meine Vergangenheit. In Barca war ich von allem so weit weg. Das Datum meines Umzugs nach Barcelona ließ ich mir auf die Zeigefinger tätowieren: X.II. So wichtig war mir dieser Schritt. Ich wollte mich auf ewig daran erinnern. Abudi fand ein schönes Apartment in Strandnähe, und Hugo Bass brachte meinen Ferrari aus Berlin. Ich wollte mich in aller Ruhe auf die Zeit nach meiner Karriere vorbereiten. Es sollte ein befreiendes Gefühl sein, über andere Dinge nachdenken zu können. Ich hatte unfassbar viel Geld verdient in den letzten Jahren und wollte es sinnvoll anlegen. Tagsüber fuhr ich mit dem Ferrari durch die mit Palmen geschmückten Straßen am Strand. Abends gingen wir in schicken Lokalen essen, doch in mir herrschte eine Leere. Ich war unglücklich.

Ich verbrachte die Tage mit Abudi, der in all der Zeit nicht nur meine rechte Hand war, sondern auch zu einem meiner engsten Freunde geworden war. Wir schauten uns nach einer Bleibe für meine Zukunft um.

Eines Abends saß ich vor dem Fernseher, und die Nachrichten berichteten darüber, dass das Corona-Virus, das in China ziemlich für Unruhe gesorgt hatte, jetzt auch in Italien und Spanien entdeckt worden war und es die ersten Toten gab. Die Nachricht erschütterte mich. Ich wollte meine Familie beschützen. Was machte ich hier am Strand ohne die Menschen, die ich liebe? Was war ein Leben in Luxus und Wohlstand wert, wenn man es fast nur alleine verbringt? Die nächsten zwei Wochen konnte ich nachts wieder nicht schlafen und wurde krank.

Die Ärzte wussten nicht, woher das hohe Fieber kam. Immer wieder fiel der Begriff „psychosomatisch“.

Ich wusste nicht mehr, wo meine Heimat war, und hatte die Vision eines Traumes gelebt, der nicht für mich gedacht war. Das Thema Barcelona war beendet. Heute steht das „X“ auf meinem linken Zeigefinger für Fehler, die „II“ auf meinem rechten dafür, dass man einen Fehler niemals zweimal begehen sollte.

KAPITEL 37:
DUNKELHEIT

So kam, was kommen musste: Am 6. März 2020, keine vier Wochen nach meiner Ankunft in Barcelona, packte ich meine Sachen und zog nach Wien. Doch aus dem erhofften Familienleben wurde nichts. Kaum hatte ich die ersten Kartons ausgepackt, begann in Wien der erste Lockdown. Ich saß in meiner Wohnung im 15. Bezirk fest und schaute auf dieselbe Straße, auf denselben Gehsteig, denselben Baum wie 2007 – vor meinem Umzug nach Berlin.

Ich durfte weder meine Mutter noch meine Schwester sehen. Das war sie nun, meine alte/neue Heimat.

Die Wände kamen nachts immer näher. Tagsüber hatte ich nicht einmal mehr die Musik, um mich abzulenken. Minuten wirkten wie Stunden. Als hätte man mein Leben von 200 km/h abrupt auf null gebremst. Ohne Airbag.

Dann begann ich an meinem Buch zu schreiben, ich hatte es bereits öfter begonnen, aber bis auf Statements zu einzelnen Themen war dabei nichts rausgekommen.

Nun war es anders.

Immer wieder dachte ich an den Raben. Und je mehr ich darüber philosophierte, umso deutlicher kam mir der Titel für dieses Buch: „Der Pakt“.

Der Pakt mit dem Raben hatte mich nach diesen surrealen Jahren komplett zu Boden gedrückt und mich mit nichts als einem leeren Blatt Papier und meinen Worten zurückgelassen. Ich war wieder dort, wo alles begonnen hatte.

Ich stürzte mich in weitere Projekte: Ich gründete eine Branding-Agentur für neue Produkte und Künstler, pushte CORBO auf ein neues Level, steuerte „Karneval Vodka“ per Zoom-Calls aus und schmiedete Pläne für meinen Barbershop & Tattooladen „R“, der in Wien entstehen sollte. Ich lebte in zwei Zuständen – entweder leer und isoliert oder im völligen Arbeitsrausch.

Im Sommer flachten die Infektionskurven ab, und ich begann das Leben derer zu leben, die ich zuvor verachtet hatte. Ich nahm mir eine Loft-Wohnung im 3. Bezirk, ging in die schicksten Restaurants essen. Aus der Affäre in New York wurde eine neue Beziehung, die aufregend, aber zugleich schwierig war. Ich konnte mich nicht öffnen. Denn ich war nicht mehr mit mir im Reinen. Ich hatte vergessen, wer ich bin. Gegen Ende des Sommers bekam ich einige Nachrichten von meiner Familie, die mir sagten, dass mein Opa mich unbedingt sehen wollte. Sie sagten mir, dass er jeden Tag dieselbe Geschichte erzählen würde: von damals, aus meiner

Kindheit, als er mit mir und meiner Cousine in seinem gelben Lieferwagen in die Heimat nach Neapel gefahren ist. Neben uns auf dem Lieferdeck des kleinen Lastwagens die gebratenen Fische, die er als Proviant dabei hatte. Der Zwischenstopp an einem Brunnen in Piedimonte Matese. Die Geschichte schien ihm sehr wichtig zu sein. Ich versuchte mit ihm zu telefonieren. Doch das war kaum mehr möglich.

Er war halb taub, hatte seine letzten Zähne verloren und hatte sein Französisch komplett vergessen.

Er redete nur noch im neapolitanischen Dialekt mit mir und legte manchmal mitten im Gespräch auf.

Letzten Endes schaffte ich es erst am 31. August 2020, meinen Großvater gemeinsam mit Abudi zu besuchen.

Er war in einem Pflegeheim in Montreux untergebracht, das ich noch aus meiner Kindheit kannte. Meine Mutter hatte dort ihre Nachtschichten als Pflegerin verbracht und mich das ein oder andere Mal mitgenommen. Jetzt, viele Jahre später, fand ich meinen Opa hinter einer der zahlreichen grauen Türen.

Er freute sich sehr über meinen Besuch und wirkte fröhlich. Wenn ich ihn so sah, dachte ich, dieser Mann wird 100 Jahre alt. Wir saßen nebeneinander, und ich drehte ihm wie früher schon Zigaretten, während er Witze machte und mir von seinem Alltag erzählte.

Eine Krankenpflegerin kam herein und fragte ihn, was er trinken möchte. *„Einen Scotch!"*, sagte er und lachte in sich hinein. Bei einem Spaziergang durch die Gänge machte er sich über seine Mitbewohner lustig. *„Schau dir den an, Raffaele. Der macht es nicht mehr lange!"*

Er zeigte auf eine alte Dame, die auf dem Gang stand.

„Die hat auch keinen Arsch mehr in der Hose."

Für meinen Opa war Sentimentalität ein Blödsinn. Wir verbrachten zwei Stunden miteinander. Zum Abschied gab er mir drei Küsse links, rechts und sagte: *„Ciao."*

„Ciao! Wir sehen uns in ein paar Wochen, Dada", waren meine letzten Worte an ihn.

Zwei Wochen später ist er gestorben und hate einen Teil meiner Identität mit sich genommen. Menschen wie er gehören zu einer aussterbenden Art. Mein Opa war wie ein Dinosaurier. Er war mein Stolz und mein Vorbild.

TL
VA
XII
II

KAPITEL 38:

DΛRK ZΞN

Der Tod meines Großvaters traf mich noch härter, als ich gedacht hatte. Es war, als wäre der letzte Teil meiner Identität gestorben. Ich wollte am Buch weiterschreiben, konnte jedoch keinen geraden Satz tippen. Ich postete ein letztes Bild mit meinem Großvater und wollte mich aus den sozialen Medien zurückziehen.

Ich konnte dort nicht mehr so tun, als wäre alles in Ordnung. Ich wusste nicht, ob ich die App jemals wieder öffnen würde. RAF Camora war für mich tot, und Raphael Ragucci mit ihm.

Es war kalt. Doch nicht die Außentemperatur war das Problem. Es war diese innere Kälte. Ein trostloser sibirischer Winter. Ein leeres, eisbedecktes Feld, in dem ich mich verloren hatte. Ich war finanziell reicher als jemals zuvor, und alle meine Businesspläne hatten funktioniert. Doch materielle Werte waren wie eine siedend heiße Dusche, die es trotzdem nicht schaffte, irgendetwas in mir zu erwärmen. Nun stand ich am Schloss Chateau du Chatelard, um meinen Großvater zu beerdigen. Dieselben Raben wie am Anfang meiner persönlichen Geschichte. Ich fühlte mich wie ein Schiffbrüchiger, der nach einer zwölf Monate langen Odyssee an einer unbekannten Insel strandet. Da war er nun, mein absoluter Tiefpunkt: Ich hatte sowohl meine große Liebe, meine Bestimmung (Musik) als auch mein Zuhause in Berlin verloren. Die Blase war geplatzt und ich aus 1.000 Metern Höhe aufgeprallt.

Als ich meinen Kopf senkte, weil es sich anfühlte, als ob mein Brustkorb gebrochen sei, schien plötzlich alles ruhig zu werden. Alles verstummte, meine Umgebung, die Blätter, die vom Wind bewegt wurden, und auch die inneren Stimmen. Doch auf irgendeine Weise schien mich diese totale Stille zu beruhigen. Es war fast wie das Gefühl, wie ich es aus japanischen Büchern kannte, wenn darin ein Moment der Erleuchtung beschrieben wird. Ich fragte mich, was das bedeutet. Ich hatte unbewusst eine Form der Askese vollbracht. Wie buddhistische Mönche, die sich Schmerzen zufügen, um dadurch Erleuchtung zu erlangen. Als hätte ich erst mal alles Unmaterialistische verlieren müssen, um diese Stille der Erkenntnis zu erreichen. Und die Erkenntnis, dass man erst weiß, wofür man kämpft, wenn man es einmal verloren hat, fühlte sich an wie ein innerer Stromschlag – wie ein Reanimationsgerät.

Ich hörte mein Herz schlagen. Mein echtes Herz, das ich gefühlt seit fünf Jahren nicht mehr wahrgenommen hatte.

Es schlug immer fester, und meine Gedanken wurden immer klarer. Da, wo ich bin, so, wie ich mich fühle, so werde ich nicht weiterleben. Zwölf Monate war ich in den Dunkelheit gewesen.

Doch nun begann ich in diesem Moment der Stille ein Feuer zu spüren. Das erste Mal seit fünf Jahren hatte ich wieder ein Lebensziel.

Der schwarze Rabe hatte mir 2015 meine Seele genommen.
Es war an der Zeit, sie zurückzuholen.

Ich erinnerte mich an die letzten Gespräche mit Bonez. Immer wieder schickte er mir alte Songs von mir, als wollte er mir damit sagen: Deine Zeit ist noch nicht gekommen. Bonez respektierte meinen Wunsch, mich aus der Musik zurückzuziehen, aber hatte stets daran gezweifelt, dass es mich wirklich glücklich machen würde.

All meine Geschäfte und Projekte, die ich gestartet hatte, um mich abzulenken, waren erfolgreich und halfen mir zwar, aber sie waren keine Erfüllungen.

Ich begann im 15. Bezirk mit Blick auf die Johnstraße, dieses Buch zu schreiben, ohne wirklich zu wissen, wohin es mich führen würde. Doch es war wie eine Therapie. Wie damals meine Alben „Therapie vor und nach dem Album“ wurde dieses Buch zur „Therapie nach dem Zenit“.

XII
II

EPILOG:
DER PAKT III

Ich ging Mitte September zurück nach Berlin. Es war Herbst geworden, als ich vor dem Wasserturm von Ostkreuz stand. Joshi wohnte inzwischen in meiner alten Wohnung in der Lenbachstraße, und ich bat ihn, mich in der Küche einen Augenblick alleine zu lassen, denn ich wollte zu dem Ort zurückkehren, an dem alles begonnen hatte.

Ich setzte mich in den immer noch dort stehenden Chesterfield-Stuhl, sah durch die Äste des Baumes, der vor dem Fenster stand, den Mond, und hörte meinen Song aus 2010. Schwarzer Rabe.

Und ich denke nach, sehe Bilder von Cash
Bilder von ausverkauften Hallen, Bilder von Chais
Bilder vom Haus man dort am Strand
Bilder von Geld, Bilder von Goldplatten
Bilder von Managern, Bilder, Bilder von Schmuck,
Bilder von Pop-Galas
Bilder von Kindern, die mich erkennen in meiner Stadt

Bilder von Fremden, die meiner Schwester nachrennen,
scheinbar krank
Bilder von falschen Freunden, die mich Bruder nennen
Bilder, Bilder, die Pläne schmieden, um mich umzubringen
Bilder von Einsamkeit, Bilder von meiner Frau,
die mich verlässt
Bilder von meiner alternden Mutter, die mich vermisst
Bilder von 5.000 scheiß Uhren, die sich drehen
mir kommen die Tränen
Bilder der Glock vor meinem Gesicht
Ich drücke ab, Bilder von nicht
(Schwarzer Rabe - RAF Camora)

Nach zehn Jahren hatte sich jedes Detail des Songs bewahrheitet, bis zum „Suizid" von RAF Camora. Ich hatte mich selbst dazu entschieden, diesen Weg zu gehen, und letztendlich den Tribut dafür bezahlt.

Es war schmerzhaft, aber ich war dankbar, denn er brachte Erkenntnis.

Durch die Sucht nach immer größerem Erfolg und nach der absoluten Aufmerksamkeit hatte ich meine Liebe zur Musik verloren. Und ich musste sie erst verlieren, um zu verstehen, dass ich ohne sie nicht leben kann.

Ich schloss meine Augen und betrat innerlich einen dunklen, endlosen Raum und sah vor mir den Raben.